Puertas al sol

Gateways to the Sun

A Dual-Language Multicultural Awareness Program

Puertas al sol / Gateways to the Sun is a Dual-Language Multicultural Awareness program designed to supplement any Reading, Language Arts or Social Studies program. The literature collection and teaching materials of **Puertas al sol** and **Gateways to the Sun** open the doors to an understanding of and appreciation for the Hispanic culture and the contributions of Latinos to the world. Innovative teaching strategies instill values, foster self-esteem, self-expression and appreciation for others, and reinforce essential literacy skills in all students, regardless of their origin.

Activity and Assessment Book
Silver & Gold Sets / Spanish

Santillana USA
www.santillanausa.com

Cover Design: Noreen T. Shimano

Cover Illustrations (left to right): María Eugenia Jara, Felipe Dávalos, Gloria Calderas

Activity Sheet Illustrations: Héctor Cuenca

Participating Staff:

Program Design

Alma Flor Ada

F. Isabel Campoy

Editorial Services

Silvia Dorta-Duque de Reyes

Adriana Dominguez

Design and Composition

Noreen T. Shimano

Santillana USA

Isabel C. Mendoza

Managing Editor – Editorial Coordinator

Claudia Baca

Production Manager

Published in the United States of America

ISBN: 1-59437-852-5

Printed in Colombia by Panamericana Formas e Impresos S.A.

Santillana USA Publishing Company, Inc.
2105 NW 86th Avenue, Miami, FL 33122

Acknowledgments

Vocabulary Graphic Organizers 1, 4, 5, 6, 7, and 8 are adaptations from the book *Words, Words, Words: Teaching Vocabulary in Grades 4-12*, by Janet Allen, copyright © 1999, reprinted with permission of Stenhouse Publishers.

Assessment Form 1: *Comprehension and Critical Thinking Assessment through the Creative Reading Approach* was developed by Alma Flor Ada and Silvia Dorta-Duque de Reyes, copyright © 1998. Reprinted with permission of the authors.

Every effort has been made to secure permission for all the materials for which the Publisher owns no rights. Any errors or omissions will be corrected in future printings as information becomes available.

TABLE OF CONTENTS

Unit 3 HISPANIC LANDS

Unit 4 LANGUAGE

Unit 5 POETRY

Literature Selection: Pimpón

Literature Selection: Antón Pirulero

Unit **6** THEATER

Unit **1** ART

Unit 2 BIOGRAPHY

Unit **3** HISPANIC LANDS

Unit **4** POETRY

Unit 5 THEATER

Literature Selection: Escenario de Polichinela

Literature Selection: Tablado de Doña Rosita

Vocabulary Graphic Organizers / Gold Set

Theater Management Sheets / Silver & Gold

Assessment Forms / Silver & Gold

Teacher Assessment Forms

Student Assessment Forms

Answer Key

ACTIVITY AND ASSESSMENT SHEETS

SILVER SET

Nombre _____ Fecha _____

¿Qué ves?

■ Elige tres cosas que podrías ver en cada lugar.

cielo	campo	ciudad	casa

> calles   mesa   sofá   luna   sol   silla
> árboles   luces   montaña   caballos   carros   estrellas

¡Cuántas cosas!

■ Añade *s* o *es* para formar el plural.

caballete____   pintura____   pincel____   pintor____   fiesta____

lienzo____   señor____   cuadro____   perro____   ciudad____

¡Eres un artista!

■ Dibuja un cuadro que tenga lo siguiente:

> un sol   dos montañas   tres nubes   cuatro personas   cinco árboles
> seis animales   siete plantas   ocho zapatos   nueve piedras   diez flores

Name _____ Date _____

Everybody is an Artist!

brush   pencil   crayons   pen   clay   palette

Sara uses _____ to draw a picture.

Sam uses _____ to make a sculpture.

Cindy uses a _____ to write a poem.

Pablo uses a _____ to draw a picture.

Martin uses a _____ and a

_____ to make a painting.

I use _____ to _____.

¿Cuáles son los sueños y aspiraciones que tiene para su niño o niña?

> Querida familia:
>
> Es importante reconocer las cualidades y talentos de nuestros hijos. Dígale a su niño o niña tres cualidades que usted reconoce que él o ella posee. Háblele acerca de las aspiraciones y sueños que tiene para él o ella, y sobre el mundo futuro que espera para él o ella.

▪ Tres cualidades que tiene _____ son:

_____   _____   _____

Aspiro que _____ logre _____

_____.

Mi mayor sueño para _____ es _____

_____.

Para garantizar que este sueño se haga realidad voy a...

Acción # 1: _____

Acción # 2: _____

Acción # 3: _____

Si con un pincel mágico pudiera pintar el mundo futuro de mi niño o niña, pintaría...

Nombre _____ Fecha _____

Encierra en un círculo las respuestas correctas

1. Una persona que trabaja pintando cuadros es un _____.

   pintor   cantante   carpintero

2. El artista que pintó el cuadro *Las Meninas* se llamaba _____.

   Diego Velázquez   Walt Disney   Pablo Picasso

3. El pintor que se vé dentro del cuadro de *Las Meninas* está pintando a _____.

   una niña   un perro   don Felipe IV y su esposa

4. Las personas cuyo trabajo consistía en divertir a los reyes eran los _____.

   payasos   bufones   artistas

5. A una pintura extraordinaria se le llama _____.

   una obra de arte   algo bueno   una buena idea

6. Diez cosas que podemos ver en el cuadro *Las Meninas* son:

pintor	árbol	pincel	caballete	princesa
vestidos	pelota	perro	espejo	silla
cuadros	puerta	lápices	lienzo	gato

7. Un carpintero trabaja con   pintura   martillo   brocha

8. Una costurera trabaja con   lápices   martillo   hilo

9. Un zapatero trabaja con   zapatos   brocha   pintura

10. Un pintor trabaja con   martillo   brocha   hilo

Nombre _____   Fecha _____

En el estudio de un pintor

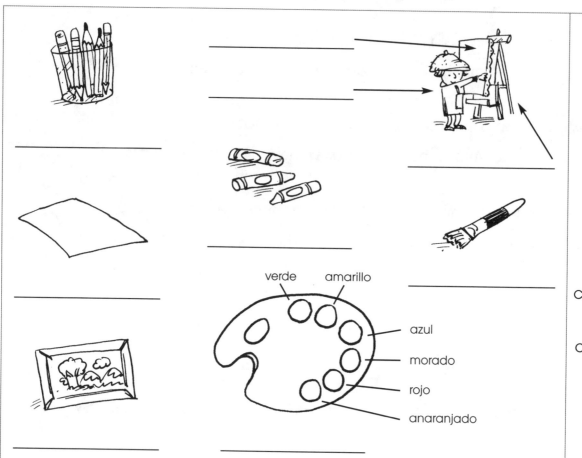

verde   amarillo

azul

morado

rojo

anaranjado

paleta
papel
lienzo
pincel
cuadro
pintor
caballete
lápices
crayones

¿Quién pinta?

Yo pint_____.

Tú pint_____.

Él pint_____.

Ella pint_____.

Nosotros pint_____.

Ustedes pint_____.

Ellos pint_____.

Ellas pint_____.

¿Qué pintan?

_____

_____

_____

_____

_____

_____

_____

_____

Nombre _____   Fecha _____

¿Qué le gustaba hacer a Gabriela?

-ar	-er	-ir
observ_____	le_____	escrib_____
recit_____	comprend_____	serv_____

¿Qué te gusta hacer a ti?

-ar	-er	-ir
_____	_____	_____
_____	_____	_____
_____	_____	_____

¿Qué es lo que <u>más</u> te gusta hacer?

▪ Dibújate haciendo tu actividad favorita.

Yo _____.

Tú _____.

Él _____.

Ella _____.

Nosotros _____.

Ustedes _____.

Ellos _____.

Ellas _____.

¡Me encanta _____!

Nombre _____   Fecha _____

¿Cómo se relacionan los miembros de una familia?

abuelo	La hija de la mamá o del papá
abuela	El papá de la mamá o del papá
padre	La mamá
madre	La hermana de la mamá o del papá
tío	La hija de la tía o del tío
tía	El hermano de la mamá o del papá
hermano	La mamá de la mamá o del papá
hermana	El hijo de la mamá o del papá
primo	El hijo de la tía o el tío
prima	El papá

¿Dónde vives tú?   ¿Dónde vive tu familia?

Yo vivo en _____ , _____ , _____ .

_____ es mi _____ y vive en _____ , _____ , _____ .

_____ es mi _____ y vive en _____ , _____ , _____ .

_____ es mi _____ y vive en _____ , _____ , _____ .

_____ es mi _____ y vive en _____ , _____ , _____ .

8

Name _____ Date _____

rojo	amarillo	azul	morado
anaranjado	verde	triángulo	rectángulo
cuadrado	círculo	red	yellow
blue	purple	orange	green
triangle	rectangle	square	circle

Name _____ Date _____

What I Like About School

We write. / Escribimos.

We play. / Jugamos.

We eat. / Comemos.

We read. / Leemos.

Me gusta _____.

I like to _____.

Name _____ Date _____

We Love our Families!

abuelo	grandfather
abuela	grandmother
madre	mother
padre	father
tío	uncle
tía	aunt
hermano	brother
hermana	sister
primo	cousin (boy)
prima	cousin (girl)

Nombre _____ Fecha _____

Una persona que admiro

Su retrato

Nombre _____

Relación
conmigo _____

Lugar de
nacimiento _____

Su vida

1. Un reto _____

_____

2. Un logro _____

_____

3. Una contribución _____

_____

Lo que más valora

4. Algo que le inspira _____

_____

5. Un recuerdo _____

_____

6. Lo que más agradece _____

_____

7. Un consejo que da _____

_____

Nombre _____ Fecha _____

1. Traza una línea para completar cada oración.

Pablo Picasso era un gran	abogado
	pintor
	jardinero

Nació en	México
	España
	Estados Unidos

2. Encierra en un círculo los objetos que encuentras en el estudio de un artista.

semillas	brochas	papel	crayones	caballete
lienzo	paleta	rastrillo	árbol	caballo
cuadros	pala	lápices	pincel	pinturas

3. Usa el banco de palabras para completar cada oración.

| hijas | paleta | hijos | formas | colores | jugar |

Pablo Picasso pintaba usando _____ y _____.

Pablo Picasso pintó un autorretrato con su _____ en la mano.

Pablo Picasso tenía dos _____ y dos _____.

A Pablo Picasso le gustaba _____.

4. Recuerda y aparea trazando una línea.

Título de una obra de Picasso — círculos, triángulos, cuadrados

Cuando pintas tu propia cara — autorretrato

Lo que utiliza Picasso en sus pinturas — Niña con paloma

Nombre _____   Fecha _____

1. Traza una línea para completar cada oración.

Gabriela Mistral era una gran	poeta y maestra
	artista y poeta
	maestra y cocinera

Nació en	México
	Chile
	Estados Unidos

2. Encierra en un círculo lo que encontrarías en el salón de clase de Gabriela Mistral.

libros   niños   platos   tiza

mesa   papel   lápices   estufa

niñas   cuchara   tenedor   cuadernos

3. Usa el banco de palabras para completar la oración.

feliz   Nóbel de Literatura   Lucila   poemas

Cuando nació, Gabriela Mistral se llamaba _____.

Gabriela Mistral escribía _____.

Gabriela Mistral ganó el premio _____.

Gabriela Mistral escribió poemas para que la gente fuese _____.

4. Recuerda y escribe sobre la vida de Gabriela Mistral.

pobre   maestra   trabajar   poesía   Chile

Lucila era una niña _____ que vivía con su mamá en _____.

Ella siempre tuvo que _____. Estudió para ser _____.

Escribió _____ y ganó el premio literario más importante del mundo.

Nombre _____ Fecha _____

1. Traza una línea para completar cada oración.

Benito Juárez fue un gran	maestro	Nació en	Estados Unidos
	pintor		Costa Rica
	presidente		México

2. ¿Es cierto o no es cierto? Encierra en un círculo la respuesta.

1. Benito era de origen zapoteca.   Sí   No
2. Benito tenía mucho dinero.   Sí   No
3. Benito trabajaba en el campo.   Sí   No
4. Benito estudió para ser abogado.   Sí   No
5. Benito jugaba y compraba cosas todos los días.   Sí   No
6. Benito Juárez fue juez.   Sí   No
7. Benito Juárez siempre defendió a los pobres.   Sí   No
8. Benito Juárez fue presidente de México.   Sí   No
9. Benito quería lo mejor para él solamente.   Sí   No
10. Benito Juárez luchó para que todos pudieran ir a la escuela.   Sí   No

3. Usa el banco de palabras para completar cada oración.

| hermanas | mamá | papá | tío | abuelo | abuela |

Cuando Benito tenía tres años murieron su _____ y su _____.

Benito y sus _____ fueron a vivir con su _____ y su _____.

Benito Juárez también vivió con su _____.

4. Recuerda y completa la frase de Benito Juárez.

| paz   respeto |

El _____ al derecho ajeno es la _____.

Nombre _____ Fecha _____

Un paseo por Broadway

teatros
luces
tiendas
carteles
cines
edificios
carros
gente
artistas
autobuses
calle

¿Donde encontrarías...?

palmas	carros	gente	gaviotas
cocos	edificios muy altos	playas	autobuses
muchos teatros	Macy's	mar	muchas luces

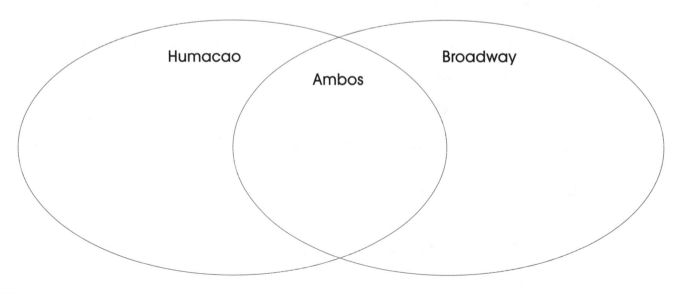

Humacao   Broadway
        Ambos

Nombre _____   Fecha _____

Redondas y llenas

■ Botero pinta cosas redondas y llenas.
  ¿Qué cosas conoces que son redondas y llenas?

Uno y otros más

■ Añade **s** para indicar el plural de cada palabra.

Uno	Más de uno
caballo	caballo_____
piedra	piedra_____
pueblo	pueblo_____
montaña	montaña_____
toro	toro_____
dibujo	dibujo_____
pintura	pintura_____
museo	museo_____

¿Qué será?

El casco de un caballo

La cima de una montaña

Una colección de arte

Un ilustrador de un periódico

Nombre _____   Fecha _____

En el estudio de ballet

barra
piso
espejo
bailarina
bailarín
zapatillas
maletín
maestra
música
piano

¿Quién baila?

Yo bail_____.

Tú bail_____.

Él bail_____.

Ella bail_____.

Nosotros bail_____.

Ellas y ellos bail_____.

¿Qué bailamos?

Yo bailo _____.

_____ baila _____.

_____ baila _____.

_____ baila _____.

_____ baila _____.

_____ baila _____.

salsa   cumbia   rock   flamenco   tango   ballet   vals   hip-hop

jazz   bachata   merengue   _____   _____

¡A todos nos gusta bailar!

Name _____ Date _____

At First Sight

actor	actor
carros	cars
Nueva York	New York
Puerto Rico	Puerto Rico
palmas	palms
director	director
productor	producer
radio	radio
música	music
televisión	television

Name _____ Date _____

Learning is Important!

Sé _____.

I know how to _____.

Quiero aprender a _____.

I want to learn how to _____.

Name _____ Date _____

Who? What? Where?

friend	at home	rock
mother	at school	salsa
father	on stage	ballet
sister	in the studio	folk
uncle	at the park	line dance

Nombre _____ Fecha _____

Las actividades favoritas de los miembros de mi familia

Nombre	Actividad favorita	¿Cómo o de quién lo aprendió?	¿Por qué le gusta tanto hacer esto?
_____	_____	_____	_____
_____	_____	_____	_____
_____	_____	_____	_____
_____	_____	_____	_____

■ Dibuja algo que le gusta hacer a tu familia cuando están todos juntos.

22

Nombre _____ Fecha _____

1. Traza una línea para completar cada oración.

Rita Moreno es una gran	pintora		Nació en	Colombia
	abogada			Puerto Rico
	actriz			Chile

2. ¿Dónde encontrarías...? Encierra en un círculo la respuesta correcta.

1. La calle Broadway	Puerto Rico	Nueva York
2. Palmas de coco	Puerto Rico	Nueva York
3. Muchos edificios altos	Puerto Rico	Nueva York
4. Carteles de teatro y cine	Puerto Rico	Nueva York
5. Mucha gente y muchos carros	Puerto Rico	Nueva York
6. Playas del mar caribe	Puerto Rico	Nueva York

3. Usa el banco de palabras para completar cada oración.

el Grammy	el Emmy	el Oscar	el Tony

1. El premio más importante del cine es _____.

2. El premio más importante del teatro es _____.

3. El premio más importante de la música es _____.

4. El premio más importante de la televisión es _____.

4. Recuerda y completa el párrafo utilizando las palabras de la derecha.

Rita Moreno es la _____ actriz en el _____

que ha ganado los _____ premios más importantes

de cine, teatro, televisión y música. Rita Moreno se siente

orgullosa de ser _____.

latina

única

mundo

cuatro

Nombre _____   Fecha _____

1. Traza una línea para completar cada oración.

Fernando Botero es un gran	torero
	pintor
	presidente

Nació en	Puerto Rico
	Colombia
	México

2. ¿Es cierto o no es cierto? Encierra en un círculo la respuesta.

1. El padre de Fernando Botero murió cuando el sólo tenía 4 años.   Sí   No
2. Fernando fue a vivir con su tío.   Sí   No
3. Fernando acompañaba a su tío a ver corridas de toros.   Sí   No
4. Fernando Botero trabajó como fotógrafo para un periódico.   Sí   No
5. Fernando Botero pintaba como él quería.   Sí   No
6. A Fernando no le gustaba visitar museos.   Sí   No
7. Fernando Botero se inspira en pinturas de otros pintores.   Sí   No
8. A Fernando Botero no le gustaba viajar.   Sí   No

3. Usa el banco de palabras para completar cada oración.

| redondas | aprender | llenas | Italia | favoritos | artista |

Fernando Botero sabía que era _____ y estaba dispuesto a _____.

Fernando Botero pinta figuras _____ y _____.

Fernando Botero tenía un sueño: ir a _____ , a ver a sus pintores _____.

4. Recuerda y completa el párrafo utilizando las palabras de la derecha.

Al principio nadie creía que Fernando Botero fuera un buen   pintor

_____. Hoy en día, todo el mundo lo aplaude.   pinturas

Botero también es _____. Sus _____   escultor

son tan únicas y hermosas como sus _____.   esculturas

24

Nombre _____   Fecha _____

1. Traza una línea para completar cada oración.

Evelyn Cisneros llegó a ser una gran	maestra
	pintora
	bailarina

Vivía en	Los Ángeles
	Nueva York
	Miami

2. Encierra en un círculo los objetos que encontrarías en un estudio de ballet.

barra	zapatillas	pinceles	bailarines
sofá	libros	bailarinas	maestra
espejo	música	piso	televisor

3. Usa el banco de palabras para completar cada oración.

| ballet | ejercicio | historia | movimientos |

1. El _____ es una forma de arte muy admirada en el mundo entero.

2. Para ser un buen bailarín hay que hacer _____ todos los días.

3. En el ballet se baila una _____.

4. Los bailarines expresan sentimientos a través de _____.

4. ¿Es cierto o no es cierto? Encierra en un círculo la respuesta.

1. Evelyn Cisneros iba a clase de ballet todos los días.   Sí   No

2. Evelyn Cisneros también bailaba flamenco.   Sí   No

3. Evelyn Cisneros miraba mucha televisión.   Sí   No

4. Evelyn Cisneros no terminó la escuela secundaria.   Sí   No

5. Evelyn Cisneros bailó en el ballet de San Francisco.   Sí   No

6. Evelyn Cisneros logró ser Primera Bailarina.   Sí   No

Nombre _____   Fecha _____

¿Qué encuentras allí?

■ Escribe cada palabra bajo el nombre del lugar donde se encuentra.

playa	desierto	selva	montaña

tortugas   cactus   palmas   saguaro   quetzal   agartijas
jaguar   cóndor   ceiba   volcanes   eucaliptos   mar

¿Qué quiere decir?

■ ¿Cómo dirías lo mismo con un lenguaje *no poético*? Traza un linea hasta la frase de tu elección. Cada palabra subrayada te dará un buena pista...

Se <u>estiran</u> al cielo los eucaliptos.   El viento los mueve.

Los flamencos <u>tiñen</u> el cielo de rosado.   Son muy altos.

Se crían <u>nubes</u> de mosquitos.   Se ven volando en el cielo.

La brisa <u>mece</u> los cocoteros.   Tienen muchos colores.

Los tucanes parecen <u>flores</u>.   Está en medio de las plantas.

En este mundo <u>verde</u> se <u>esconde</u> la boa.   Son muchos y vuelan juntos.

■ Ahora, ilustra tres de tus descripciones favoritas.

Name _____   Date _____

Where am I?

| desert   village   forest   beach   city   mountains |

Where am I?

I am at the _____.   forest   beach

Where am I?

I am in the _____.   mountains   city

Where am I?

I am in the _____.   desert   forest

Where am I?

I am in the _____.   beach   desert

Where am I?

I am in the _____.   city   mountains

Where am I?

I am in my _____.   city   village

Nombre _____ Fecha _____

Nuestra cultura

Querida familia:

Estamos aprendiendo sobre las personas, las artesanías, el medio ambiente, las plantas y los animales de América Latina. Los padres y demás familiares son una gran fuente de conocimiento cultural. Les agradecemos que converse con su niño o niña acerca de algunos aspectos de la cultura de su lugar de origen, y que le ayude a escribir la información abajo.

La región de mi tierra que más me gusta es: _____. Me gusta porque _____ _____ _____ _____. Algunos animales o plantas que hay en esa región son: _____ _____ _____.	Dibujo de la región

■ Describan alguna artesanía, obra de arte u objeto típico de su país o región. ¿Qué es? ¿De qué está hecho? ¿Para qué se usa? ¿Qué simboliza para usted?

_____

_____

_____

■ ¿Puede permitirle a su niño o niña llevar el objeto a la escuela para que lo muestre y hable sobre el mismo en clase?

Sí _____   Firma

No _____   _____

28

Nombre _____   Fecha _____

1. Dibuja un paisaje de las siguientes regiones geográficas de América Latina.

Playas	Selvas	Montañas	Desiertos

2. Encierra en un círculo la respuesta.

Un árbol grande que crece en la pampa	ombú	cocotero	quetzal
Un pajaro con una cola larga de colores	colibrí	quetzal	cotorra
Una animal de la selva	perro	jaguar	gallo
Vive en el río	cocodrilo	tapir	ballena
Crece en el desierto	cactus	cocotero	ombú

3. Completa las oraciones. Usa el banco de palabras.

En Hispanoamérica hay _____ tipos de gente.

Hay pueblos _____ y tranquilos.

Hay ciudades _____.

La gente celebra la _____ que ve a su alrededor.

> belleza
>
> pequeños
>
> grandes
>
> muchos

4. Une cada descripción con el lugar correcto.

El río más caudaloso de nuestro planeta	Chichén-Itzá
La selva más grande de nuestro planeta	Tenochitlán
El lago más alto del mundo	Machu Picchu
La montaña más alta del Hemisferio Occidental	la Amazonía
Antigua ciudad de México	el Titicata
Hermosa ciudad que construyeron los mayas	el Aconcagua
Misteriosa ciudad que construyeron los incas	el Amazonas

Nombre _____ Fecha _____

¿Quién soy?

■ Adivina quién es el personaje. Luego, da pistas parecidas sobre ti.

	Yo

Vivo con mi mama.   _____

Quiero mucho a mi abuelita.   _____

Me gusta el color rojo.   _____

Tengo 7 años.   _____

Siembro flores con mi abuelita.   _____

¿Quiénes somos?

■ Adivina quiénes son los personajes. Luego, da pistas parecidas sobre tú y tus amigos.

	Mis amigos y yo

Somos siete hermanitos.   _____

Somos 4 niñas y 3 niños.   _____

Vivimos en el bosque.   _____

Somos muy obedientes.   _____

Nos gusta jugar.   _____

¡Somos nosotros!

■ Dibújate acompañado de tus amigos. Completa la oración de abajo.

Nos llamamos _____.

Name _____   Date _____

My Favorite Animals

wolves

birds

bears

roaches

goats

mice

rabbits

pigs

I like _____.

I do not like _____.

Nombre _____ Fecha _____

Uno de nuestros cuentos favoritos

Querida familia:

Estamos leyendo y analizando cuentos infantiles tradicionales, como *Caperucita Roja* y *Los tres osos*. Por favor comparta con su niño o niña un cuento infantil que alguien le contó a usted en su infancia. Háblele acerca de sus pensamientos y sentimientos sobre el cuento y sobre la persona que se lo contó. Anime al niño o niña a ilustrar a la persona contándole el cuento a usted.

Recuerda siempre al que te contó un cuento…

¿Quién le contó el cuento?

_____

¿Dónde estaba cuando le contaron el cuento?

_____

¿Qué edad tenía?

_____

¿Cuál es el título del cuento?

_____

¿Qué enseñanza contiene el cuento?

_____

Así me imagino que sucedió…

Nombre _____   Fecha _____

¡Cuidado con el Lobo Feroz!

El lobo siempre anda escondido en el bosque. Haz un cartel que ayude a todos a reconocer al lobo. Da consejos a los personajes de los cuentos más abajo.

1. Dibuja al lobo.

2. ¿Cómo es el lobo?

   _____

   _____

3. ¿Qué hace el lobo?

   _____

   _____

4. ¿Qué crees que deben hacer los personajes para estar fuera de peligro?

   _____

   _____

5. ¿Qué harías tú para atrapar al lobo?

   _____

   _____

Nombre _____   Fecha _____

¡A ponernos en orden!

■ Escribe los números cardinales. Luego, aparea los números cardinales con los números ordinales usando líneas.

dos   cuatro   tres   uno   seis   nueve   ocho   siete   diez   cinco

	cardinales
1	
2	
3	
4	
5	

ordinales
cuarto
quinto
segundo
primero
tercero

	cardinales
6	
7	
8	
9	
10	

ordinales
séptimo
octavo
sexto
noveno
décimo

¿Donde encontrarías esto?

sofá   lavadora   sillón   televisor   microondas
plancha   lavaplatos   secadora   refrigerador

En la cocina	En la lavandería	En la sala

¿Quién trabaja aquí?

Lugar donde trabaja	Lo que hace	¿Quién es?
panadería	hornea pan	
zapatería	arregla zapatos	
oficina y obras	dibuja planos	
hospital	cura enfermos	

zapatero   médico   arquitecto   panadero

Name _____   Date _____

Around the House

lamp

television

bed

clock

sofa

chair

table

Nombre _____   Fecha _____

Un nuevo hogar

Querida familia:

　　Estamos leyendo un cuento en el cual una familia se muda a una vivienda nueva. Quisiéramos que compartiera con su niño o niña alguna experiencia en particular que haya tenido al cambiarse de una vivienda a otra.

1. ¿De dónde a dónde se mudó?

　　_____

2. ¿Qué era lo que más le gustaba de su vivienda nueva?

　　_____

3. ¿Qué era lo que más extrañaba de su vivienda anterior?

　　_____

4. ¿Por qué se cambiaron de vivienda?

　　_____

5. ¿Qué fue lo más difícil?

　　_____

6. ¿Qué fue lo que más lo llenó de alegría?

　　_____

■ Ayude al niño o niña a hacer un dibujo que ilustre lo que acaban de conversar.

Nombre _____ Fecha _____

1. ¿Quién necesitaba una casa nueva?

   los Tres Cerditos   la Señora Cabra   el Lobo

2. Pon en orden usando números para indicar los pasos en el cuento:
   Al principio del cuento #1, en el medio del cuento #2, y al final del cuento # 3.

   La Señora Cabra compró muebles   _____

   El arquitecto dibujó los planos   _____

   La Señora Cabra llevó a sus cabritos a comer   _____

3. ¿Cómo se llaman las cosas que la Señora Cabra compró?

   1. Se usa para lavar la ropa   radio   televisor   lavadora

   2. Se usa para descansar o dormir   mesa   cama   plancha

   3. Se usa para saber qué hora es   mesa   silla   reloj

   4. Se usa para poner libros   grabadora   cámara   librero

4. ¿Qué hacen estos trabajadores?

   1. Un arquitecto prepara   comida   planos   muebles

   2. Un bombero apaga   velas   luces   incendios

   3. Un zapatero arregla   zapatos   flores   sillas

   4. Un panadero hornea   papas   pan   carne

5. ¿Qué objeto no pertenece al grupo?

   1.   televisor   radio   grabadora   librero

   2.   lavadora   sofá   plancha   secadora

   3.   sofá   sillón   lámpara   lavaplatos

   4.   cama   mesita   lámpara   cocina

Nombre _____   Fecha _____

¿Quiénes son tus amigos?

Nombre	Apellido	Teléfono

¿Dónde encontrarías…?

pan   lechuga   tomates   tortas   uvas   maíz   mangos   naranjas   tortillas

Panadería	Frutas	Verduras

¿Cuál no pertenece?

■ Encierra en un círculo la palabra que no pertenece a cada grupo.

tenedor	torta	mamá	gato
plato	lámpara	papá	perro
vasos	velitas	carro	tomate
cuchara	globos	abuela	rana
gato	mantel	abuelo	conejo

Name _____   Date _____

Let's Go to the Supermarket!

two oranges

five carrots

three bananas

one pineapple

eight cherries

five apples

We buy _____ , _____ , and _____ at the supermarket.

Nombre _____ Fecha _____

Mi receta favorita es:

_____

| Ingredientes | Ilustración |

Instrucciones y pasos

1. _____

2. _____

3. _____

4. _____

5. _____

Acompañar con...

_____

Receta recomendada por:

_____

Nombre _____   Fecha _____

1. ¿Quién es el personaje principal del cuento?

   la mamá   los amigos   Caperucita

2. ¿En dónde se lleva a cabo el cuento?

   la playa   el bosque   Valle del Sol

3. ¿De qué se trata el cuento?

   un viaje de Caperucita   el cumpleaños de Caperucita

   Caperucita y el lobo   Caperucita va a la escuela

4. Dibuja y cuenta lo que pasó en el cuento.

al principio	en el medio	al final

5. Completa el siguiente resumen del cuento.

   mamá   amigos   regalos   fiesta   cumpleaños

   Caperucita y su _____ planean y preparan la fiesta de

   _____ de Caperucita. Todos los _____ de

   Caperucita vienen a la _____ y le traen lindos _____.

Nombre _____ Fecha _____

¡Qué buena idea!

■ Elige entre las opciones de abajo para completar tu tabla de regalos.

¿Para quién es?	¿Qué le vas a mandar?	¿Adónde lo vas a mandar?

Personas	Regalos	Lugares
mamá papá hermano hermana abuela abuelo tío tía primos amigo amiga	juguete bicicleta computadora ropa dibujo flores frutas retrato libro	A su casa A la escuela Al trabajo

¿Es o no es?

■ ¿Sabes lo que significa la palabra "frágil"? Si no lo sabes, ¡intenta adivinarlo!

Escribe *sí* o *no*	Escribe *es* o *no es*
_____ Algo frágil se rompe fácilmente.	Un vaso de cristal _____ frágil. Un vaso de plástico _____ frágil.
_____ Algo frágil es delicado.	Una mariposa _____ frágil. Una piedra _____ frágil.
_____ Algo frágil es débil.	Un caballo herido _____ frágil. Un caballo sano _____ frágil.
_____ Algo frágil es fuerte.	Un árbol grande y alto _____ frágil. Una semilla que acaba de brotar _____ frágil.
_____ Algo frágil necesita cariño.	Un animalito pequeño _____ frágil. Un amigo triste _____ frágil.
_____ Algo frágil es duro.	Un bloque de cemento _____ frágil. Un huevo de gallina _____ frágil.

Name _____   Date _____

How Do I Send a Letter?

mailbox	envelope	address	stamp	letter

1. First, I write a _____.

2. Then, I put it in an _____.

3. Then, I write the _____
    on the envelope.

4. After that, I put a _____
    on the envelope.

5. Finally, I put the letter in a _____.

Nombre _____ Fecha _____

¿Dónde trabajas y qué haces?

Querida familia:

Una manera de acercarnos a nuestros hijos es compartir con ellos información sobre nuestras vidas, nuestro trabajo y nuestros pensamientos e ilusiones. En el estudio del libro "Ratoncito Pérez, cartero", los estudiantes están aprendiendo sobre las diferentes profesiones que existen en una comunidad. Ayude a su niño o niña completar esta entrevista.

Nombre de la persona entrevistada: _____

Relación con el estudiante: _____

1. ¿Cuál es tu profesión o trabajo?

   _____

2. ¿Dónde trabajas?

   _____

3. ¿Cuáles son algunas de las cosas que haces en el trabajo?

   _____

4. ¿Qué es lo que más te gusta de tu trabajo?

   _____

5. ¿Qué es lo que menos te gusta de tu trabajo?

   _____

6. ¿De qué manera tu trabajo contribuye al bienestar de tu familia?

   _____

7. ¿De qué manera tu trabajo contribuye al bienestar de todos en la comunidad?

   _____

Nombre _____   Fecha _____

1. **Dibuja la secuencia del cuento "Ratoncito Pérez, cartero".**

al principio	en el medio	al final

2. **¿Cómo es Ratoncito Pérez?**

responsable   egoísta   trabajador   malo   valiente

3. **¿Qué problemas tiene Ratoncito? Escribe *sí* o *no*.**

____ Ratoncito se tiene que levantar temprano.

____ Ratoncito no tiene trabajo.

____ A Ratoncito le da miedo ir al castillo del brujo.

____ A Ratoncito no le gusta caminar.

____ Ratoncito está aburrido con su nuevo trabajo.

4. **¿Qué sabes sobre los carteros?**

Lugar donde trabajan:	hospital	panadería	oficina postal	escuela

Lo que hacen:	reparten pan	reparten cartas y paquetes	reparten ropa

Tienen que saber el nombre de:	las calles	las personas	los animales

Nombre _____   Fecha _____

¿Qué hacemos juntos?

▪ Añade *-mos* al final de cada palabra. Ilustra lo que haces con tus compañeros.

escribi_____   juga_____   trabaja_____   pinta_____

habla_____   baila_____   canta_____   lee_____

¿Qué palabra usas?

▪ Aparea las palabras que se relacionan.

Un libro de canciones   poemario
Un libro de poemas   cancionero
Lenguas que hablamos   canción
Un país del mundo   el español y el inglés
Palabras con música   Estados Unidos

¡Eres un poeta!

Escribo poemas

sobre _____ y sobre _____.

Escribo con amor

para _____ y para _____

y también para _____.

Nombre _____   Fecha _____

¿En qué se parecen?

▪ Elige las dos palabras que se parecen de acuerdo con la descripción.

Son dos cosas redondas	pelota	sol	silla
Son dos cosas brillantes	estrella	leche	diamante
Son dos cosas sabrosas	chocolate	zapato	pan
Son dos cosas suaves	almohada	piedra	algodón
Son dos cosas olorosas	flores	perfume	lápiz

¿Qué usamos para observar el mundo?

Con los ojos puedo _____.   Con las manos puedo _____.

Con los oídos puedo _____.   Con la mente puedo _____.

Con la nariz puedo _____.   Con el corazón puedo _____.

Con la boca puedo _____.

> tocar   pensar   ver   saborear   oír   sentir   oler

▪ ¿Qué sentido te ayuda a "observar" cada una de estas cosas?

Para tocar la arena fina y caliente   _____

Para oler el perfume de una rosa   _____

Para saborear el mar salado   _____

Para sentir el amor hacia mi familia y amigos   _____

Para escuchar una linda canción   _____

Para mirar las nubes en el cielo   _____

Para pensar cómo hacer mi tarea   _____

> ojos   nariz   boca   manos   corazón   mente   oídos

Nombre _____   Fecha _____

¿Qué le vas a poner?

■ Dibuja un muñeco o una muñeca.
Escribe las palabras que indican la ropa que le vas a poner.

_____

_____

_____

_____

_____

_____

| camisa | pantalón | zapatos | botas | falda | gorra | lazo | medias |
| abrigo | sandalias | suéter | camiseta | bufanda | guantes |

¿Cuáles riman?

■ Encierra en un círculo las palabras que riman con la primera.

Pimpón	jabón	cartón	plato
doctor	vaso	tenedor	dolor
juguetón	ratón	cartón	lava
caracol	sol	mar	girasol

¿Sabes contar de dos en dos?

■ Cuenta de dos en dos hasta veinte. Escribe la palabra y el número.
Haz puntos para indicar cada cantidad.

Cantidad	:				
Número	2				
Palabra	dos				

Cantidad					•••••••••• ••••••••••
Número					20
Palabra					veinte

Name _____   Date _____

Beautiful Words

love

friendship

kindness

generosity

courage

Name _____   Date _____

My Homeland

The name of my homeland is _____.

The capital of my homeland is _____.

Our traditional music is _____.

Some of our animals are _____

_____.

I love my homeland!

Name _____   Date _____

If You're Happy...

If you're happy and you know it,
Clap your hands.
If you're happy and you know it,
Clap your hands.
If you're happy and you know it,
Then your face will surely show it.
If you're happy and you know it,
Clap your hands.

If you're happy and you know it,
Stomp your feet.
If you're happy and you know it,
Stomp your feet.
If you're happy and you know it,
Then your face will surely show it.
If you're happy and you know it,
Stomp your feet.

If you're happy and you know it,
Shout "Hurray!"
If you're happy and you know it,
Shout "Hurray!"
If you're happy and you know it,
Then your face will surely show it.
If you're happy and you know it,
Shout "Hurray!"

If you're happy and you know it,
Do all three.
If you're happy and you know it,
Do all three.
If you're happy and you know it,
Then your face will surely show it.
If you're happy and you know it,
Do all three.

Nombre _____   Fecha _____

Fiestas nacionales

Querida familia:

Estamos estudiando poesías que enfatizan nuestra identidad cultural. Los padres son una gran fuente de conocimiento sobre lenguaje, herencia y cultura. Comparta con nuestra clase información sobre una celebración nacional de su país de origen.

Fiesta nacional: _____

País: _____

¿Qué evento histórico conmemora esta fiesta?

_____

_____

¿Quiénes son los héroes asociados con este evento?

_____

_____

¿Cómo se celebra o conmemora?

_____

_____

¿Qué recuerdo personal asocia usted con esta fiesta?

_____

_____

¿Existe alguna poesía, canción o refrán asociado con este evento histórico o fiesta nacional?

_____

_____

Nombre _____   Fecha _____

1. Encierra en un círculo las dos palabras que riman.

Pimpón	noche	escuela	cocodrilo	dolor
contar	coche	locuela	corazón	doctor
cartón	miras	ardilla	tranquilo	cama
rana	hojas	pájaro	luna	azul
cana	rojas	carpintero	estrella	tul
beso	nopal	librero	una	muñeca

2. Encierra en un círculo las dos palabras que se relacionan.

Brillan:	estrellas	ojos	nube	**Crecen:**	flor	amor	mesa
Saltan:	ardilla	niño	lápiz	**Juegan:**	amigos	cama	amigas
Escriben:	estudiantes	poetas	árbol	**Cantan:**	pájaro	sol	niña

3. ¿Recuerdas estos versos? Escribe las palabras que faltan.

Tenemos canciones y _____.

Vamos a la _____. Escribimos _____.

Hablamos _____ lenguas.

Es la _____ del amor la que crece en mi _____.

flor	tradiciones	dos	corazón	poemas	escuela

Nombre _____   Fecha _____

¿De dónde eres?

■ Aparea el país con su gentilicio.

Si eres de Colombia eres   cubano

Si eres de Cuba eres   mexicano

Si eres de México eres   puertorriqueño

Si eres de Puerto Rico eres   nicaragüense

Si eres de los Estados Unidos   estadounidense

Si eres de Nicaragua eres   colombiano

¡Qué orgullo!

■ Escribe las letras que faltan para formar la palabra.

| familia | cultura | español | inglés |

Estoy orgulloso de mi __ __ __ __ __ __ __.

Estoy orgulloso de mi __ __ __ __ __ __ __.

Estoy orgulloso de hablar __ __ __ __ __ __ __ __.

Estoy orgulloso de hablar __ __ __ __ __ __.

Unidos siempre

■ Usa las palabras en el cuadro de abajo para crear una poesía. Ilustra tu poesía.

Somos _____ ,	
juntos _____ ,	
juntos _____ ,	
y siempre nos _____ .	
Caminamos juntos,	
mano a _____ .	

| amigos | ayudamos | aprendemos | mano | trabajamos |

54

Nombre _____ Fecha _____

¿Quiénes son?

■ Recuerda las poesías y traza líneas hasta las respuestas correctas.

Bailarinas de la brisa	la araña
Un duendecito	las mariposas
Tiene un suave rabito	el mar
Se tira y se alza haciendo su casa	el conejo
La vas tocando, y es de chocolate	la flauta
Cuando era chiquito jugaba con el río	el viento
En la oscuridad ven su camino	murciélagos

¡Usa todos tus sentidos!

■ Encierra en un círculo los sentidos que puedes usar con cada cosa.

flor	vista	tacto	oído	gusto	olfato
delfín	vista	tacto	oído	gusto	olfato
olas	vista	tacto	oído	gusto	olfato
torta	vista	tacto	oído	gusto	olfato
perro	vista	tacto	oído	gusto	olfato

¡A jugar con palabras!

■ Elige la palabra que corresponde para crear una metáfora.

Una pelota tan redonda como el _____

Una mariposa tan suave como una _____

Una montaña tan alta como el _____

El río parece un _____ de agua.

El charco parece un _____ pequeño.

cielo
camino
mar
rosa
sol

Nombre _____ Fecha _____

Un patio muy particular

■ Diseña un patio que tenga las cosas que aparecen en la lista.

árbol
columpio
fuente
flores
mariposa
ardilla
hormigas
manguera

¿Cuáles riman?

■ Encierra en un círculo las dos palabras que riman en cada grupo.

bellas	tomates	granero	botón
estrellas	hormigas	ligero	ratón
cosas	amigas	enano	libros
Martín	manada	tía	frontera
chiquitín	rosada	río	palmera
corazón	entera	pío	cultura

¿Te sabes este poema?

■ Completa el poema.

El _____ que _____ naciste

nacieron las cosas _____ ,

nació el _____ ,

nació la _____

y nacieron las estrellas.

tú

día

bellas

luna

sol

Name _____   Date _____

Countries and Nationalities

México	Cuba	Puerto Rico	Perú
mexicano mexicana	cubano cubana	puertorriqueño puertorriqueña	peruano peruana
Argentina argentino argentina	República Dominicana dominicano dominicana	Ecuador ecuatoriano ecuatoriana	Estados Unidos estadounidense
Italia italiano italiana	España español española	Francia francés francesa	China chino china
Mexico Mexican	Cuba Cuban	Puerto Rico Puerto Rican	Peru Peruvian
Argentina Argentine	Dominican Republic Dominican	Ecuador Ecuadorian	United States American
Italy Italian	Spain Spanish	France French	China Chinese

Name _____ Date _____

Animal Guessing Game

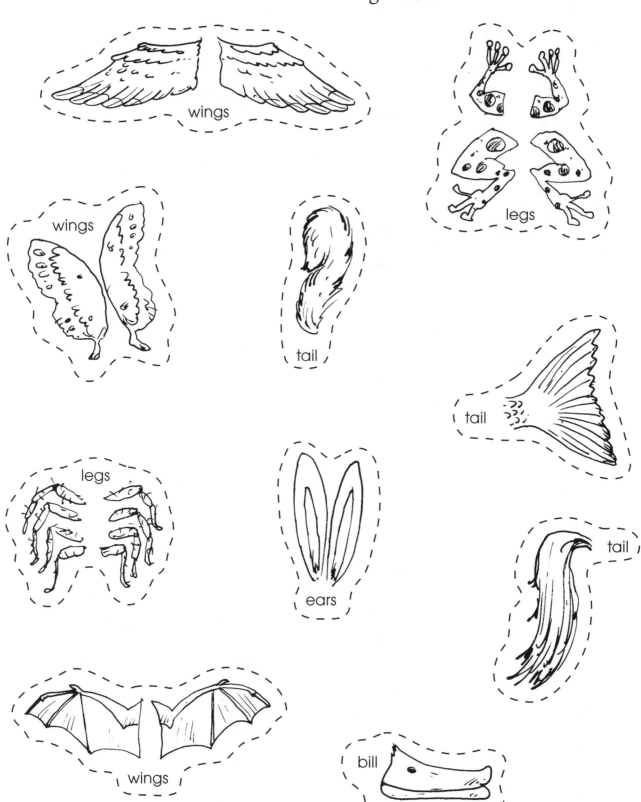

Name _____   Date _____

The Itsy Bitsy Spider

The itsy bitsy spider
went up the waterspout.
Down came the rain
and washed the spider out.
Out came the sun
and dried up all the rain.
And the itsy bitsy spider
crawled up the spout again.

Nombre _____   Fecha _____

La belleza de nuestra patria

Querida familia:

    Estamos leyendo poemas que afirman la identidad y la herencia cultural. Por favor hable con su niño o niña acerca de un lugar hermoso que recuerde de su patria o lugar de nacimiento. Puede ser un lugar personal, como el patio de su casa, o su ciudad, o algo general como las montañas, un río, un monumento o un edificio. Lo importante es que sea algo que defina la belleza de su país natal. Quisiéramos enfatizar que la belleza existe en todas partes.

▪ Después de la conversación, ayude a su niño o niña a ilustrar el tema del cual hablaron, y a resumir la conversación abajo.

País: _____   Lugar: _____

Recuerdo la belleza de este lugar en particular porque:

_____

_____

_____

Nombre de la persona que ayudó con esta tarea: _____

Relación con el estudiante: _____

Nombre _____ Fecha _____

1. Aparea los nombres de los países con sus gentilicios.

Venezuela	paraguayo
Colombia	dominicano
República Dominicana	salvadoreño
El Salvador	uruguayo
Ecuador	venezolano
Uruguay	colombiano
Paraguay	ecuatoriano

2. Crea tus propios símiles. Elige tres animales.
   Completa cada oración. Dibuja lo que escribiste.

| pájaro carpintero | ardilla | mariposa | conejo | araña | grillo | murciélago |

_____ es como | _____ es como | _____ es como
_____ | _____ | _____

3. Aparea el poeta con su país natal.

Alma Flor Ada	España
Isabel Campoy	Cuba
Amado Nervo	Guatemala
Humberto Ak'abal	México
Ernesto Galarza	Puerto Rico
Isabel Freire de Matos	México

Nombre _____   Fecha _____

¿Qué encuentras en el teatro?

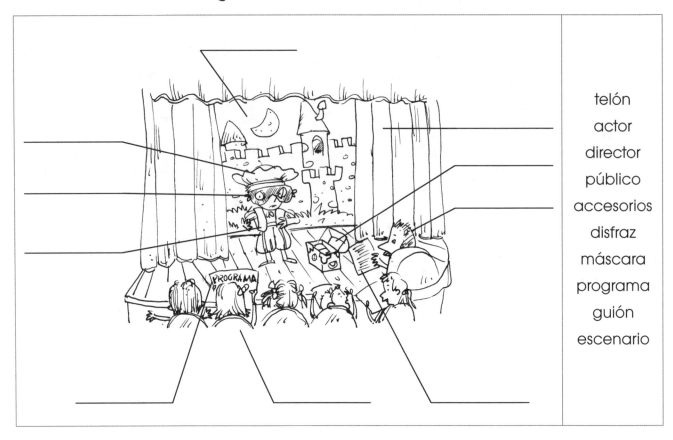

telón
actor
director
público
accesorios
disfraz
máscara
programa
guión
escenario

¡Tú eres el diseñador del escenario!

■ Ilustra las palabras para diseñar tu escenario.

árbol   casa   flor   sol   nube   canasta   lobo   niño   niña   gallina

Nombre _____   Fecha _____

Usa palabras y palabritas

■ Aparea la descripción con la palabra que le corresponde.

un borrego pequeño	gatito
una borrega pequeña	borreguita
un perro pequeño	hijito
una perra pequeña	perrita
un hijo pequeño	gatita
una hija pequeña	borreguito
un gato pequeño	perrito
una gata pequeña	hijita

¿Cómo son estos personajes?

■ Piensa en cada uno de estos personajes. Encierra en un círculo las palabras que mejor lo definen. Usa un color para cada uno. Luego ilústralo.

Accesorios para definir la apariencia física:

delantal   plumas   pico   patas   alas   hocico   sombrero   parasol   rama

Adjetivos para definir el carácter:

buena   poderosa   confundido   comprensiva   malo   poderoso   loco   aprovechado

Mamá Borrega	Pies Blancos	Buitre Grande

Nombre _____ Fecha _____

¿Quién? ¿En dónde? ¿Con qué?

■ Haz una lista de los personajes y accesorios que aparecen en cada acto.

Personajes

Rey   Reina   Zorro Cachorro   Gallina Picotina
Ganso Garbanzo   Pedro Pollito   Narrador

Accesorios

banderas   coronas   frutas   carreta   troncos   flores   sol
canasta   carreta   limón   montañas   nubes   árboles   palacio

Secuencia de Actos	¿Qué personajes aparecen en este acto?	¿Qué accesorios se usan en este acto?
Acto 1 Pedro Pollito sale a pasear por el campo. Le cae un limón en la cabeza.		
Acto 2 Pedro Pollito se encuentra con Ganso Garbanzo.		
Acto 3 Pedro Pollito y Ganso Garbanzo se encuentran con Gallina Picotina.		
Acto 4 Pedro Pollito, Ganso Garbanzo y Gallina Picotina se encuentran con Zorro Cachorro.		
Acto 5 Pedro Pollito, Ganso Garbanzo y Gallina Picotina llegan al palacio real.		

Name _____   Date _____

Stage Bingo

upstage right	upstage center	upstage left
right	center	left
downstage right	downstage center	downstage left

Name _____   Date _____

How Do They Feel?

| mad | surprised | happy | sad | worried |

I am _____.

I am _____.

I am _____.

I am _____.

I am _____.

Name _____   Date _____

What Is It?

It is a _____.

lemon   sun

It is a _____.

king   queen

It is a _____.

girl   boy

It is a _____.

hen   fox

It is a _____.

goose   chicken

Nombre _____   Fecha _____

Somos los protagonistas de nuestra propia vida

Querida familia:

Estamos leyendo y representando obras de teatro en el salón de clase. Hemos aprendido que tanto en las obras de teatro como en los cuentos existe un personaje principal al cual llamamos *protagonista*.

Un protagonista generalmente se enfrenta a un *problema o conflicto*, y lucha con perseverancia para vencer los obstáculos hasta conseguir la *victoria*. Hemos dicho en clase que cada uno de nosotros somos protagonistas en nuestra propia vida.

Quisiéramos reconocer el protagonismo en la vida de nuestros familiares. Tome un momento para recordar una situación de su vida en la que usted se enfrentó a un problema con perseverancia, o pudo vencer algún obstáculo. Después de compartir su recuerdo, ayude a su niño o niña a resumirlo a continuación, y pídale que haga un dibujo sobre lo que usted le relató en el reverso de esta hoja.

¿Cuándo sucedió? _____

¿Cuál era el problema? _____

¿Por qué era importante resolver el problema? _____

¿Cómo se logró la victoria? _____

¿Cómo me sentía antes de resolverlo? _____

¿Cómo me siento hoy en día al respecto? _____

Algo importante que aprendí: _____

Un consejo para mis hijos: _____

Este acto de protagonismo es parte de la vida de: _____

Relación con el estudiante: _____

Nombre _____ Fecha _____

1. Llena el espacio en blanco con la palabra correspondiente.

   a. El _____ son las cortinas de un teatro.

   b. La _____ es el cuento que se actúa.

   c. Los _____ son las personas que actúan.

   d. El _____ es donde se dramatiza la obra.

   e. El _____ son las personas que vienen a ver la obra.

   | público |
   | actores |
   | obra |
   | telón |
   | escenario |

2. Recuerda la obra "Los tres cabritillos". Ilustra cada parte de la historia en la secuencia correcta.

¿Que pasó al principio?	¿Qué pasó en la mitad?	¿Qué pasó al final?
El lobo sale corriendo y la zorra lo persigue.	Mamá cabra se va al supermercado.	El lobo llama a la puerta de la casa de los cabritos.

3. Encierra en un círculo para mostrar si la idea es *realidad* o *fantasía*.

Una gallina pone huevos.	realidad	fantasía
Un cabrito habla.	realidad	fantasía
Una cabra va a la tienda.	realidad	fantasía
Una cabra tiene cabritos.	realidad	fantasía
Un lobo toca la puerta.	realidad	fantasía
Una zorra vive en el bosque.	realidad	fantasía
Unos niños pueden ser actores.	realidad	fantasía
Un actor se convierte en lobo.	realidad	fantasía
Una actriz se convierte en zorra.	realidad	fantasía
Unos cabritos bailan.	realidad	fantasía

Nombre _____ Fecha _____

1. **Dibuja una línea para unir cada personaje con sus características**

   ¿Puedes definir a un personaje por su apariencia física?

   a. ¿Quién tiene alas?   Mamá Borrega

   b. ¿Quién tiene un parasol?   Perro Pastor

   c. ¿Quién tiene cuatro patas y ladra?   Buitre Grande

   ¿Puedes definir a un personaje por lo que dice?

   d. ¿Quién dice "Hay que salir a buscar a Pies Blancos"? Buitre Grande

   e. ¿Quién dice "Ya sólo quiero ser quien soy"?   Mamá Borrega

   f. ¿Quién dice "Parece un borreguito sabroso"?   Pies Blancos

   ¿Puedes definir a un personaje por su carácter?

   g. ¿Quién quiere ser poderoso?   Buitre Grande

   h. ¿Quién quiere comerse a un animalito con una pata rota? Pies Blancos

   i. ¿Quién quiere ayudar a salvar a un animal en peligro? Perro Pastor

2. **Traza una línea para unir la palabra con su definición.**

un borrego pequeño	perrita	una silla pequeña	sillita
una perra pequeña	mesita	un palo pequeño	animalito
una mesa pequeña	borreguito	un animal pequeño	palito

3. **Evalúa a los personajes del cuento.**

   Elige una cualidad que defina a cada personaje. Dale una nota por demostrar esa cualidad. Explica por qué le diste esa cualidad y esa nota.

   valiente   malo   poderoso   sabio   bandido   amable   confundido

Personaje	Cualidad	Nota	Explicación
Mamá Borrega			
Buitre Grande			
Pies Blancos			
Perro Pastor			

   Notas: A = Sobresaliente   B = Bueno   C = Necesita mejorar   D = Deficiente

Nombre _____ Fecha _____

1. Elige tres palabras para cada escenario.

bosque	mar	cielo	castillo	casa

> pez   zorro   nubes   lobo   bandera   árboles   ola   arena
> silla   reina   estrella   sol   mesa   corona   ventana

2. ¿A quién pertenecen estos accesorios y disfraces?

pico grande   Pedro Pollito

corona   Zorro Cachorro

canasta   Reina

alas largas y amarillas   Gallina Picotina

rabo gris   Ganzo Garbanzo

3. Escribe la letra para aparear cada personaje con el escenario en el que aparece.

> a. bosque   b. granja   c. palacio

_____ princesa   _____ zorro

_____ pollito   _____ rey

_____ gallina   _____ ganzo

_____ reina   _____ oso

_____ lobo   _____ pato

Nombre _____   Fecha _____

¡Qué ruido!

▪ Onomatopeyas son palabras que imitan sonidos.
  Aparea cada sonido con el animal que lo hace.

pío, pío	gato
cocorocoró	gallina
guau, guau	cerdo
oinc, oinc	perro
quiquiriquí	pollito
muuu, muuu	gallo
miau, miau	oveja
cuac, cuac	vaca
bee, bee	pato
iiiiiiiii	caballo

En la granja

▪ Ahora dibuja aquí los animales que aparecen arriba.
  Pon cada uno en el lugar donde lo pondrías en una granja.

establo

corral

lago

gallinero

chiquero

perrera   casa

Nombre _____   Fecha _____

Cada cosa en su lugar

■ **Acto 1**: ¿Qué podrías encontrar en el cuarto de Sebastián? Dibuja la escena.

reloj	cortinas	
lavamanos	cama	
cepillo de dientes	silla	
sábanas	ardillas	

■ **Acto 2**: ¿Qué podrías encontrar en un tren? Dibuja la escena.

niños	señoras	
periódicos	asientos	
señores	árboles	
nueces	lechugas	

■ **Acto 3**: ¿Qué podrías encontrar en Villa Conejil? Dibuja la escena.

casas	lechugas	
tiendas	coles	
gato	perro	
ríos	mar	

■ **Acto 4**: ¿Qué podrías encontrar en el bosque? Dibuja la escena.

árboles	ardillas	
nueces	flores	
montañas	nogales	
cepillo de dientes	cama	

■ **Acto 5**: ¿Qué podrías encontrar en la fiesta de Serafina? Dibuja la escena.

pastel	amigos	
globos	galletas	
mesa	zanahorias	
mar	arco iris	

Nombre _____ Fecha _____

¡Eres el director!

■ Convierte a estos animales en actores. Ponlos a hacer actividades que sólo hacen las personas. Completa las frases. Ilustra las situaciones.

Una rana _____

Una hormiga _____

Un león _____

Una cigarra _____

¡Crea tus personajes!

■ Convierte estas cosas en actores. Dibuja cada cosa con su ropa. Luego, dale un nombre a cada personaje.

| lápiz | Mi personaje se llama: _____ |

| pelota | Mi personaje se llama: _____ |

| escoba | Mi personaje se llama: _____ |

| libro | Mi personaje se llama: _____ |

Name _____   Date _____

What Sounds Do They Make?

baa   quack, quack   cock-a-doodle-doo   oink

tweet-tweet   moo   gobble-gobble   meow   woof

The bird goes

_____.

The cat goes

_____.

The rooster goes

_____.

The cow goes

_____.

The dog goes

_____.

The duck goes

_____.

The pig goes

_____.

The sheep goes

_____.

The turkey goes

_____.

Name _____ Date _____

My Day

In the morning, I wake up and brush my teeth.

In the afternoon, I eat lunch with my friend.

In the evening, I eat dinner with my family.

At night, I go to sleep.

Name _____   Date _____

The Hokey-Pokey

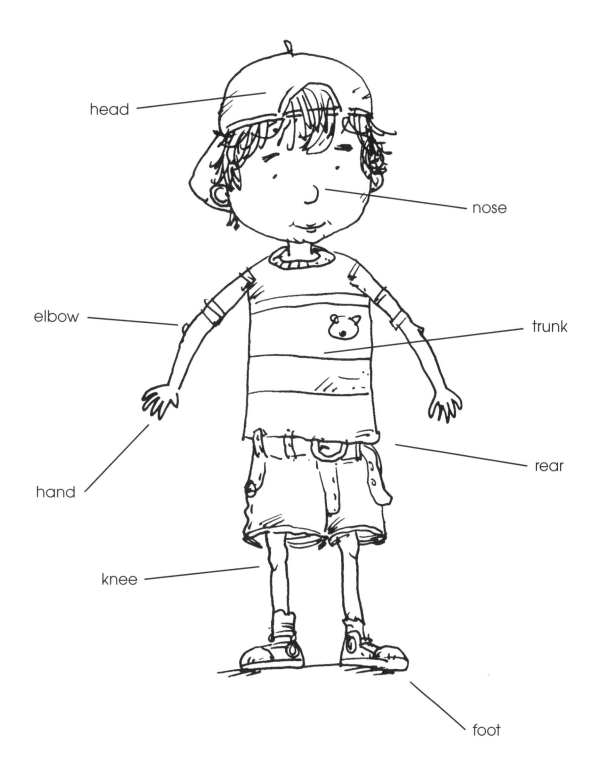

head

nose

elbow

trunk

hand

rear

knee

foot

Nombre _____ Fecha _____

Planes de seguridad

Querida familia:

   Estamos leyendo y representando obras de teatro. Uno de los temas nos recordó la importancia de tener planes de seguridad y emergencia. Quisiéramos que comente la siguiente información con su niño o niña, y que juntos elaboren planes para asegurar el bienestar de la familia.

En caso de emergencia…

Sé los números de emergencia de mi comunidad: Emergencia: _____ Policía: _____ Bomberos: _____	Cosas que podemos tener en un recipiente o mochila para casos de emergencia:

▪ Ilustra para demostrar lo que se debe hacer en caso de un incendio:

Saber salir de cada cuarto de la casa hacia un lugar seguro	El humo sube, por lo tanto es mejor gatear hacia la salida para poder ver y respirar mejor.	Tener un lugar afuera de la casa donde acordemos reunirnos con el resto de la familia

▪ Personas que me pueden ayudar cuando mis familiares no están:

Nombre	Relación	Teléfono
_____	_____	_____
_____	_____	_____

Nombre _____ Fecha _____

1. **Une con una línea cada animal con el sonido que hace.**

oinc, oinc	pato
pío, pío	vaca
muuu, muuu	gallo
quiquiriqui	pollito
cuac, cuac	cerdo

2. **Dibuja estos accesorios de la obra.**

delantal	dedal	hilos	olla	saco

3. **Encierra en un círculo lo que lleva la gallina Josefina en su delantal.**

hilos   piedras   tijeras   cebollas   botones   dedal

4. **Encierra en un círculo las palabras que riman en cada grupo.**

Serafina	dedal	cantaba	hermosa	cebolla
gallina	portal	colgado	gaseosa	camino
tomate	cosía	espiaba	estaba	olla

5. **Une con una línea cada personaje con lo que dice en la obra.**

¡En el portal, en el portal!	la gallina Josefina
Cortaré el saco y le meteré una piedra.	Don Gallo
Josefina cosía y cantaba.	el Señor Lobo
¡Qué gallina tan hermosa!	narrador

Nombre _____   Fecha _____

1. Marca con una X lo que *no* le pertenece a cada escenario de la obra.

Bosque	Casa	Tren	Ciudad	Campo
árboles	ventana	asientos	edificios	montaña
cama	mesa	pastel	tiendas	árboles
ardillas	río	conductor	vaca	edificios

2. Traza una línea hacia la mejor respuesta.

El mejor regalo para Serafina   un cepillo de dientes

Algo en el baño de Sebastián   un monedero

Donde se guardan monedas   lechugas y coles

Lo que comen las ardillas   un cuento

Vegetales de la huerta   nueces

3. Usa los números del 1 al 6 para poner en orden lo que le pasa a Sebastián.

_____ Corrí al tren.

_____ Sonó el despertador.

_____ Llegué a casa de mi amiga Serafina.

_____ Me lavé los dientes.

_____ El perro y el gato no me dejaron entrar en la huerta.

_____ La ardilla no me dejó llevarme unas nueces.

4. Completa las oraciones con el nombre del personaje correspondiente.

_____ está retrasado.

_____ cuida la huerta de lechugas.

_____ cuida la huerta de coles.

A _____ le gustan los cuentos.

| Serafina | El gato | Sebastián | El perro |

Nombre _____ Fecha _____

1. Recuerda la obra "Amiga hormiga". Ilustra la historia en orden.

¿Qué pasó al principio?	¿Qué pasó en el medio?	¿Qué pasó al final?

2. ¿Quién dice esto? Encierra en un círculo la respuesta.

¡Cómo me encanta pasar el verano canta que canta!	hormiga	cigarra
Me gustaría sentarme a cantar pero tengo que trabajar.	hormiga	cigarra
No tengo nada que comer. ¿Qué voy a hacer?	hormiga	cigarra
¿Me podría dar algo de comer?	hormiga	cigarra
He extrañado su canto. Pase, pase usted	hormiga	cigarra

3. ¿Es cierto o no es cierto? Encierra en un círculo la respuesta.

La hormiga se pasaba los días cantando.	Sí	No
La cigarra se pasaba los días trabajando.	Sí	No
La hormiga vivía en un hormiguero.	Sí	No
Cuando llegó el invierno, la hormiga tenía comida.	Sí	No
Cuando llegó el invierno, la cigarra tenía hambre.	Sí	No
La hormiga era una buena amiga.	Sí	No
La cigarra trabajaba cantando.	Sí	No
La hormiga descansaba durante el invierno.	Sí	No

4. Ilustra un escenario con ambiente de:

primavera	verano	otoño	invierno

ACTIVITY AND ASSESSMENT SHEETS

GOLD SET

Name _____   Date _____

My Favorite Animal

a. Which is your favorite animal?

My favorite animal is the _____.

b. What does your favorite animal look like?

It is _____ , _____ , and _____.

c. What do you like most about this animal?

This is my favorite animal because it is _____.

d. How does this animal make you feel?

This animal makes me feel _____.

Nombre _____ Fecha _____

¡Hablemos de arte!

Querida familia:

Estamos leyendo libros relacionados con las artes. Quisiéramos que usted comparta la experiencia de conversar con su niño o niña acerca de una obra de arte que tenga en casa, ya sea un cuadro, una escultura, una foto, una imagen de calendario, una tarjeta postal o una ilustración en un libro o una revista. Comparta e intercambie opiniones con su niño o niña usando las siguientes preguntas como guía.

¿Qué se ve en la obra de arte?

_____

_____

¿Qué le llamó la atención cuando la adquirió?

_____

_____

¿Quién es el autor de la obra? ¿Qué saben de éste?

_____

_____

¿Cuál creen que es el mensaje o significado de la obra?

_____

_____

¿Hay algo en la obra que relacionen con algo personal?

_____

_____

¿Qué formas o colores ha usado el artista?

_____

_____

Nombre _____   Fecha _____

A. Elige la respuesta que complete la oración.

1. Joan Miró era un artista _____.

    Venezolano   Español   Estadounidense

2. Lo inspiraba otro gran artista llamado _____.

    Diego Rivera   Pablo Picasso   Frida Kahlo

B. Encierra en un círculo la respuesta.

1. Joan Miró aprendió el estilo cubista de Picasso.   Verdadero   Falso

2. Joan Miró no es un artista muy famoso.   Verdadero   Falso

3. Joan Miró también hizo esculturas y cerámica.   Verdadero   Falso

C. Completa la oración usando las palabras apropiadas.

"Nada es _____ ni es _____, todo es según el _____ del _____ con que se mira."

    a. mentira   b. cristal   c. verdad   d. color

D. Recuerda datos importantes acerca de esta obra de arte. Une con líneas.

1. Algo que lleva la mujer en el brazo   surrealista

2. Animales que aparecen en el cuadro   canasta

3. Algo que el artista pintó más grandes
   de lo que son en realidad   gato y conejo

4. Algo que usa el artista al pintar   los pies

5. Estilo de este artista   formas, líneas y colores

E. Dibuja y escribe 6 cosas que ves desde una de las ventanas de tu casa.

86

Name_____ Date_____

Friendship Gallery

Nombre _____ Fecha _____

Mi historia personal

Querida familia:

Estamos estudiando obras de arte en relación con el momento histórico en que fueron hechas. Ayude a su niño a niña a profundizar más el concepto de historia y su importancia apoyándolo en la realización de una línea cronológica personal. Ayúdele a reunir información importante de su propia historia usando las preguntas de abajo como guía. El niño o niña deberá luego organizar esa información cronológicamente sobre una tira de papel. Anímelo a incluir dibujos que ilustren los eventos más importantes de su vida.

¿En qué año nací? _____

¿Qué sucesos importantes ocurrieron en el país donde nací en ese año?

_____

_____

¿Qué sucesos importantes ocurrieron en el mundo en ese año?

_____

_____

¿Cuándo dije mi primera palabra? ¿Cuál fue?

_____

¿Cuándo comencé a caminar? ¿Dónde estaba?

_____

¿Cuándo hice mi primer viaje? ¿Adónde fue?

_____

¿Hay algún hecho importante que deba incluir en mi línea cronológica? (por ejemplo, el nacimiento de hermanos menores, la emigración a otro estado o país, etc.)

_____

_____

Nombre _____   Fecha _____

A. Elige la respuesta que complete la oración.

1. Maya Christina González nació en _____.

California   Florida   Texas

2. La artista vive en _____.

San Francisco   Miami   Houston

B. Completa el párrafo usando las palabras apropiadas.

Al pintarse a sí _____, la artista quiso _____ la luz que sale de su _____.

Para lucir bien, adornó su pelo con _____ y _____. Éste es un cuadro _____

lleno de _____. La artista _____ la obra *Luz resplandeciente*.

1. color	2. expresionista	3. misma	4. mostrar
5. tituló	6. corazón	7. lápices	8. pinceles

C. ¿Qué cuatro palabras usarías para describirte a ti mismo?

_____

_____

_____

_____

D. Es muy valioso poder de definirse a sí mismo. ¿Quién y cómo eres tú?

Yo soy _____. También soy _____.

Yo puedo _____ y _____ bastante bien.

Estoy _____ de ser quien soy, porque yo soy _____.

Name _____   Date _____

Color Wheel

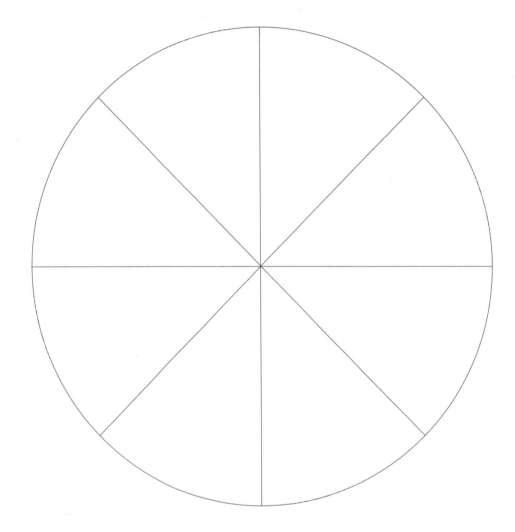

Red _____

Blue _____

Yellow _____

Green _____

Orange _____

White _____

Grey _____

Purple _____

Nombre _____ Fecha _____

El arte de nuestra cultura

Querida familia:

Estamos leyendo libros relacionados con el arte y la artesanía hispánica. Hemos reconocido cómo los artistas crean obras que afirman su herencia y cultura. Quisiéramos que usted comparta con su niño o niña alguna tradición o forma de arte que usted asocia con su cultura. Hablen acerca de algunos de los símbolos, diseños, patrones y materiales que tradicionalmente se usan y se asocian con el arte étnico de su cultura.

Forma de arte o artesanía: _____

_____

Materiales que se usan: _____

_____

Ilustre algún símbolo, diseño o patrón que usted asocia con la artesanía tradicional de su cultura.

Mencione algún símbolo cultural o patriótico que tradicionalmente se use en la artesanía o en obras de arte de su país o cultura. ¿Qué representa?

_____

_____

Nombre _____   Fecha _____

A. Elige la respuesta que complete la oración.

1. Emanuel Paniagua nació en _____.

    Puerto Rico   Perú   Guatemala

2. Lo inspira la cultura _____.

    maya-quiché   moderna   europea

B. Usa el banco de palabras para completar la oración.

En la obra titulada *Domingo y su gallo Rulfo*, el _____ Emanuel Paniagua usó pinturas

de _____. También usó _____ de tela cosidos al _____. Estas telas son muestras de la

_____ guatemalteca. Al incluir esas telas, el pintor pudo haber querido indicar que el

_____ del cuadro es de _____ , como él mismo.

> 1. personaje   2. Guatemala   3. óleo   4. pedazos
> 5. artista   6. lienzo   7. artesanía

C. Une con líneas cada imagen o idea con el sentimiento que connota.

1. Un fuerte abrazo   tristeza
2. Una lágrima   amor
3. Una gran fiesta   ternura
4. Un animal feroz   alegría
5. Una mamá y su bebé   miedo

D. Estas tres cosas me hacen feliz y no las tengo que comprar...

_____

_____

_____

Name _____   Date _____

 Interview

Question: What is your name?

Answer: My name is _____.

Question: How old are you?

Answer: I am _____.

Question: Where were you born?

Answer: I was born in _____.

Question: Where do you live now?

Answer: I live in _____.

Question: What is your job?

Answer: I am a/an _____.

Question: What is your favorite thing about your job?

Answer: My favorite thing is _____.

Question: Who is your biggest supporter?

Answer: My biggest supporter is _____.

Question: Would you like to add something else?

Answer: _____.

Thank you for letting me interview you!

Name _____   Date _____

My Favorite Painting

Title: _____

Artist: _____

Colors: _____

What do you see in this painting? _____

_____

_____

What message does this painting send? _____

_____

_____

Why did you choose this painting? _____

_____

_____

Name _____   Date _____

I Am the Expert

Topic: _____

Nombre _____ Fecha _____

Una persona importante en mi vida

Cuatro palabras que describen a esta persona tan especial para mi:

_____ , _____ , _____ y _____

La razón por la cual esta persona es importante en mi vida:

_____

_____

_____

Algo que esta persona piensa que es importante en la vida, y por qué:

_____

_____

_____

Un consejo que me ha dado:

_____

_____

_____

Una acción que esta persona ha realizado que yo he admirado:

_____

_____

_____

Lo que hacemos cuando estamos juntos:

_____

_____

_____

Nombre _____   Fecha _____

A. Elige la respuesta que complete la oración.

1. Luis Valdez es un director de _____.

        escuelas   orquesta   cine y teatro

2. Luis Valdez nació en _____.

    Miami, Florida   Yuma, Arizona   Delano, California

B. Encierra en un círculo la respuesta.

1. Los padres de Luis Valdez eran actores en Hollywood.   Verdadero   Falso
2. Luis Valdez ayudaba a sus padres a recoger las cosechas.   Verdadero   Falso
3. A los 16 años, Luis recibió un contrato para un programa de televisión bilingüe.   Verdadero   Falso
4. Al crear un personaje, Luis se imaginaba lo que decía y cómo se movía.   Verdadero   Falso
5. Cuando era pequeño, Luis tomaba clases de baile y teatro.   Verdadero   Falso
6. Luis estudiaba matemáticas y ciencias, y se ganó una beca para ir a la universidad.   Verdadero   Falso
7. Un ventrílocuo habla con la boca cerrada.   Verdadero   Falso
8. La familia Valdez siempre estuvo unida por su amor.   Verdadero   Falso

C. Completa el párrafo usando las palabras apropiadas.

El trabajo de los campesinos migratorios consiste en _____. Van de _____ en _____

buscando trabajo. Luis siempre aprovechaba la _____ del cambio para _____ cosas

nuevas. La vida de Luis Valdez nos enseña a _____ por lo que queremos conseguir.

> 1. aprender   2. campo   3. recoger cosechas   4. oportunidad   5. luchar

D. Recuerda datos importantes en la vida de Luis Valdez. Une con líneas.

1. Nombre de la organización que fundó   La Bamba
2. Universidad donde estudió   Teatro Campesino
3. Escribió el guión de esta película   el garaje de su abuelo
4. Comenzó su propio teatro en   San José

Nombre _____   Fecha _____

A. Elige la respuesta que complete la oración.

1. Judith Francisca Baca es una gran _____.

   cocinera   artista   maestra

2. De niña, amaba y admiraba a _____.

   su madre, su tía y su abuela   sus amigos y amigas   su papá y su hermano

B. Encierra en un círculo la respuesta.

1. Cuando Judith llegó a la escuela no sabía hablar inglés.   Verdadero Falso
2. La maestra la puso en un rincón y le dijo que pintara.   Verdadero Falso
3. Judith era muy popular en la escuela.   Verdadero Falso
4. Cuando Judith terminó la secundaria decidió estudiar música.   Verdadero Falso
5. Judith creó un mural trabajando con un grupo de jóvenes de diferentes culturas.   Verdadero Falso
6. Judith creó un mural titulado *La pared del mundo: Una vision del futuro sin miedo.*   Verdadero Falso

C. Completa el párrafo usando las palabras apropiadas.

Con su madre, sus tías y su abuela, Judith aprendió a ser _____ , a estar _____ de sí misma y a sentir _____ y _____ por los demás. La vida y la obra de Judith reflejan su fe en la _____ y su esperanza en la voluntad de la _____ para crear _____ y _____ entre los pueblos.

| 1. paz | 2. justicia | 3. fuerte | 4. segura |
| 5. compasión | 6. amor | 7. familia | 8. gente |

D. Recuerda datos importantes en la vida de Judith F. Baca. Une con líneas.

1. Un momento de gran importancia en su carrera   Los Angeles
2. Creó doscientos murales en esta ciudad   Descubrió los muralistas mexicanos
3. Mural que mide una milla de largo   Amor, seguridad y fuerza
4. Lo que le dieron su mamá, sus tías y su abuela   La gran pared

Nombre _____   Fecha _____

A. Elige la respuesta que complete la oración.

1. Carlos J. Finlay fue un gran _____.

   presidente   pintor   médico

2. Nació en _____.

   Estados Unidos   Cuba   México

B. Encierra en un círculo la respuesta.

1. En época de calor, las charcas se pueblan de mosquitos.   Verdadero   Falso
2. Carlos Juan Finlay se fue a estudiar a España.   Verdadero   Falso
3. Cuando tenía trece años, Finlay se enfermó muy gravemente.   Verdadero   Falso
4. Carlos Juan Finlay tenía un defecto al hablar.   Verdadero   Falso
5. La fiebre amarilla no es contagiosa.   Verdadero   Falso
6. Los médicos no le hicieron caso a Finlay.   Verdadero   Falso
7. Finlay descubrió que los mosquitos transmitían la fiebre amarilla.   Verdadero   Falso

C. Completa el párrafo usando las palabras apropiadas.

Cuando el Dr. Finlay compartió sus ideas sobre la fiebre amarilla con otros médicos, todos se _____. Después de muchos _____, todos se dieron cuenta de que el Dr. Finlay tenía razón. Gracias a Carlos Juan Finlay, se combatió a los _____ que _____ la fiebre amarilla. Pero sólo hasta cuarenta años después de su _____, se reconoció su _____ a la investigación médica.

1. transmitían	3. burlaron	5. contribución
2. mosquitos	4. años	6. muerte

D. Recuerda datos importantes en la vida de Carlos Juan Finlay. Une con líneas.

1. Expresión preferida de Finlay cuando era niño   la fiebre amarilla
2. Carlos Juan quería conocer los misterios de...   la suciedad
3. Lo que algunos creían era la causa de la fiebre amarilla   ¿Por qué?
4. Finlay estudió durante treinta años...   la naturaleza

Name _____   Date _____

Can They or Can't They?

Maggie   can   can't   read a book.

Johnny   can   can't   play baseball today.

Jennifer   can   can't   jump rope today.

Manuel   can   can't   play the piano.

I can _____.

I can't _____, but I want to learn!

Name _____ Date _____

Become a Frido!

Name of Painting: _____

Why did you choose this painting?

_____

_____

Description: What do you see in this painting?

_____

_____

Meaning: What do you think those things mean?

_____

_____

Message: What is Frida trying to tell us with this painting?

_____

_____

Feelings it Conveys: How do you feel when you see it?

_____

_____

Name _____   Date _____

Ways to Help

The Problem: _____

Possible Solutions: _____

_____

Nombre _____ Fecha _____

Una persona importante en mi vida

Cuatro palabras que describen a esta persona tan especial para mi:

_____ , _____ , _____ y _____

La razón por la cual esta persona es importante en mi vida:

_____

_____

_____

Algo que esta persona piensa que es importante en la vida, y por qué:

_____

_____

_____

Un consejo que me ha dado:

_____

_____

_____

Una acción que esta persona ha realizado que yo he admirado:

_____

_____

_____

Lo que hacemos cuando estamos juntos:

_____

_____

_____

Nombre _____   Fecha _____

A. Elige la respuesta que complete la oración.

1. José Martí fue un gran _____.

   patriota   artista   director de cine

2. Nació en _____.

   Colombia   Cuba   México

B. Encierra en un círculo la respuesta.

1. Cuba fue una colonia de Francia.   Verdadero   Falso
2. Los patriotas querían que Cuba tuviera su propio gobierno.   Verdadero   Falso
3. José Martí amaba a Cuba y amaba la libertad.   Verdadero   Falso
4. A José Martí lo encarcelaron por haber escrito una carta.   Verdadero   Falso
5. Cortar piedras en las canteras de cal es un trabajo muy fácil.   Verdadero   Falso
6. Martí descubrió la belleza de la tierra española.   Verdadero   Falso
7. Martí comprendía que en todos los lugares hay
   personas buenas.   Verdadero   Falso

C. Completa el párrafo usando las palabras apropiadas.

José Martí dedicó su vida a _____ por la libertad, contra la _____, contra los

poderosos que hacen daño a los _____, y a favor de la _____. Martí _____ todo el

tiempo. Quería que las personas aprendieran a ver las cosas sencillas y _____ de la

vida. Quería ayudarles a tener buenos _____ y a _____ mutuamente.

| 1. pobres | 3. pensamientos | 5. hermosas | 7. tiranía |
| 2. escribía | 4. ayudarse | 6. justicia | 8. luchar |

D. Recuerda datos importantes en la vida de José Martí. Une con líneas.

1. Una revista para los niños y niñas de las Américas   La Guantanamera
2. Unos versos de Martí se cantan con esta música   Fermín Valdés
3. Buen compañero de escuela de José Martí   La Edad de Oro
4. El gran patriota dominicano que luchó junto a Martí   Máximo Gómez

Nombre _____ Fecha _____

A. Elige la respuesta que complete la oración.

1. Frida Kahlo fue una gran _____.

        bailarina   pintora   escritora

2. Nació en _____.

        San Francisco   Venezuela   México

B. Encierra en un círculo la respuesta.

1. El papá de Frida era fotógrafo.   Verdadero   Falso
2. Frida acompañaba a su papá y lo ayudaba.   Verdadero   Falso
3. Frida nunca terminó sus estudios.   Verdadero   Falso
4. Diego Rivera era un famoso escritor.   Verdadero   Falso
5. Frida Kahlo y Diego Rivera nunca se casaron.   Verdadero   Falso
6. Frida le llevaba comida a Diego al trabajo en una cesta.   Verdadero   Falso

C. Completa el párrafo usando las palabras apropiadas.

La _____ de Frida hizo construir para ella un _____ pequeño que pudiera colocar sobre la _____. También puso un _____ sobre su cama y Frida empezó a pintar retratos de su cara, una y otra vez. Aquellas pinturas la mantenían _____. Durante dos años, Frida luchó por su vida. Cuando se recuperó, le enseñó sus dibujos a un famoso _____ llamado Clemente Orozco, y él a su vez se los mostró a _____. Cuando él vio las creaciones de Frida le dijo: "Tus dibujos son tan _____ como tú".

1. muralista	3. mamá	5. cama	7. Diego Rivera
2. entretenida	4. caballete	6. espejo	8. hermosos

D. Recuerda datos importantes en la vida de Frida Kahlo. Une con líneas.

1. Nombre del sitio donde vivía Frida Kahlo   poliomielitis
2. Nombre que adoptaron los estudiantes de Frida   Casa Azul
3. El primer museo que le compró un cuadro a Frida   Fridos
4. Enfermedad que contrajo Frida a los seis años   Louvre

Nombre _____ Fecha _____

A. Elige la respuesta que complete la oración.

1. César Chávez fue un gran _____.

    líder social   comerciante   médico

2. Nació en _____.

    Arizona   Cuba   México

B. Encierra en un círculo la respuesta.

1. La gente marchaba con los campesinos para pedir justicia.   Verdadero   Falso
2. César Chávez tuvo que trabajar desde muy joven.   Verdadero   Falso
3. En 1968, César Chávez hizo una huelga de hambre.   Verdadero   Falso
4. Los pesticidas no hacen daño a las personas.   Verdadero   Falso
5. Los campesinos siempre tienen seguro médico.   Verdadero   Falso
6. Mucha gente dejó de comprar uvas para apoyar a los campesinos.   Verdadero   Falso

C. Completa el párrafo usando las palabras apropiadas.

La lucha no ha terminado. Los campesinos _____ y cosechan los alimentos que _____ comemos. Sin embargo, se les paga muy _____ por un trabajo que no mucha gente quiere hacer porque es muy _____. Durante las cosechas, muchos campesinos tienen que vivir en sus carros sin comodidades básicas como _____ , sombra y _____. A veces, también los _____ tienen que trabajar, y dejan de ir a la _____.

Todos tenemos que abrir nuestros _____ y seguir luchando hasta alcanzar la _____.

> 1. escuela   2. todos   3. siembran   4. poco   5. duro
> 6. agua   7. descanso   8. niños   9. corazones   10. justicia

D. Recuerda datos importantes en la vida de César Chávez. Une con líneas.

1. Martin Luther King Jr. y Mahatma Gandhi   Águila Azteca
2. Símbolo de esperanza, poder y ascenso   Unión de Trabajadores Campesinos
3. Honor que se le otorgó a César Chávez   Medalla Presidencial de la Libertad
4. Organización que fundo César Chávez   líderes pacifistas

Name _____   Date _____

Many Cognates!

actor _____   color _____   error _____

animal _____   hospital _____   capital _____

final _____   usual _____   natural _____

sensitive _____   positive _____   negative _____

artist _____   dentist _____   tourist _____

electricity _____   city _____   variety _____

famous _____   generous _____   delicious _____

fantastic _____   romantic _____   automatic _____

_____ _____   _____ _____   _____ _____

_____ _____   _____ _____   _____ _____

_____ _____   _____ _____   _____ _____

_____ _____   _____ _____   _____ _____

Una receta tradicional

Querida familia:

Estamos estudiando las civilizaciones y culturas indígenas de Latinoamérica. También hemos estudiado la agricultura y los alimentos típicos que se producen en Latinoamérica. Quisiéramos hacer una colección de recetas que contengan estos alimentos típicos. Por favor ayude a su niño o niña a realizar esta tarea.

Nombre de la comida o plato típico: _____

Ingredientes:	Utensilios:
_____	_____
_____	_____
_____	_____
_____	_____
_____	_____
_____	_____

Preparación:

_____

_____

_____

_____

_____

_____

Nombre _____ Fecha _____

A. Encierra en un círculo la respuesta.

Los primeros habitantes de Hispanoamérica...

1. Aprendieron de la naturaleza   Verdadero   Falso

2. No admiraban lo que los rodeaba   Verdadero   Falso

3. Ayudaron a la naturaleza a serles más útil   Verdadero   Falso

4. Crearon fuentes de vida para toda la humanidad   Verdadero   Falso

5. Le han dado al mundo algunos de los alimentos
   más importantes   Verdadero   Falso

6. Ya no siguen enriqueciendo nuestro mundo   Verdadero   Falso

B. Encierra en un círculo los productos alimenticios que provienen de
   Hispanoamérica.

aguacate	pan	chocolate	chicle	papas
leche	tomates	arroz	maíz	pizza
frijoles	chile	casabe	naranjas	lechuga

C. Completa el párrafo con las palabras que corresponden.

Los _____ de los primeros _____ de

Hispanoamérica _____ enriqueciendo y embelleciendo la

_____ con su música y bailes, con sus festividades, con sus

artesanías, con su trabajo, con su _____ y su esfuerzo, con su

presencia, con su _____.

| siguen | descendientes | inteligencia | vida | existencia | habitantes |

Name _____   Date _____

Treasures from My Country

My picture shows _____.

It is in _____.

It represents my country because it is _____

_____.

Nombre _____   Fecha _____

Nuestra hermosa cultura

> Querida familia:
>   Estamos estudiando la historia y el interesante mosaico cultural que conforma Latinoamérica. Quisiéramos que comparta con su niño o niña los elementos de su cultura que usted conoce y aprecia.

Nombre de las personas que proporcionaron esta información:

_____

País o región cultural:

_____

Elemento	Descripción
Idiomas	_____
Recursos naturales	_____
Lugares preciosos	_____
Lugares interesantes	_____
Lugares históricos	_____
Héroes	_____
Personajes literarios	_____
Artistas	_____
Personajes políticos	_____
Artesanía típica	_____
Comida típica	_____
Baile folclórico o tradicional	_____
Vestimenta folclórica o tradicional	_____
Música típica	_____
Fiestas tradicionales	_____

Nombre _____ Fecha _____

A. Encierra en un círculo la respuesta.

Los primeros habitantes de Hispanoamérica...

1. Eran grandes agricultores — Verdadero   Falso

2. Eran magistrales arquitectos y astrónomos — Verdadero   Falso

3. Eran malos organizadores — Verdadero   Falso

4. Creían que hacer que las cosas útiles fueran hermosas era perder el tiempo — Verdadero   Falso

5. Han desaparecido (sus descendientes) año tras año — Verdadero   Falso

B. Traza una línea para unir cada término con su definición.

1. Capital del imperio azteca y hermosa ciudad construida sobre el lago Texcoco — Machu Picchu

2. Ciudad construida por los mayas — Rigoberta Menchú

3. Ciudad del imperio inca construida en las alturas de la Cordillera de los Andes — Chichén Itzá

4. Libro escrito por los mayas — Tenochtitlán

5. Valiente mujer indígena que recibió el Premio Nóbel de la Paz en 1992 — Popol Vuh

C. Completa el párrafo con las palabras que corresponden.

Las _____ de personas que forman el mundo hispánico y hacen del _____ uno de los idiomas que más se habla en el planeta, están _____. A pesar de sus _____ , los hermana una promesa y un propósito de futuro: contribuir a un mundo _____ , de mayor _____ para todos, de respeto a la _____ y la diversidad. Un mundo en el que florezca la _____ de cada persona y su posibilidad de _____ dignamente en igualdad de _____ y en solidaridad.

1. vivir   2. justicia   3. unidas   4. español   5. millones
6. diferencias   7. mejor   8. naturaleza   9. creatividad   10. derechos

112

Name _____ Date _____

Similes

the stars	bright	beautiful	the sun
courageous	cool	shiny	a dove
round	a petal	warm	a forest
peaceful	the moon	the wind	morning
mysterious	fast	a lion	soft

_____ is _____ like _____.

_____ is _____ like _____.

_____ is _____ like _____.

_____ is _____ like _____.

_____ is _____ like _____.

Name _____ Date _____

My Heritage

I was born in _____ ,

My parents were born in _____ ,

And my _____ was born there too.

My land is the color of the _____ ,

And _____ like the _____ .

We love to play the _____ ,

And dance _____ .

We have good food, like _____ ,

And amazing places, like _____ .

My land is beautiful to me,

because _____ ,

My land is beautiful for all of these reasons,

I hope one day you will see it too!

Nuestras rimas y dichos

Querida familia:

Estamos coleccionando rimas y dichos para compilar un libro entre todos los estudiantes de la clase. Queremos que este libro refleje las tradiciones y el conocimiento de nuestros familiares. Por favor contribuya con sus recuerdos a este importante proyecto.

Una canción de cuna	Una rima o verso tradicional

Un dicho o refrán	Una adivinanza

Nombre _____ Fecha _____

A. Encierra en un círculo la respuesta.

1. En los Estados Unidos viven latinos de todas las razas. Verdadero Falso

2. Las personas bilingües saben hablar sólo un idioma. Verdadero Falso

3. Debemos estar orgullosos de nuestra herencia cultural. Verdadero Falso

4. No es importante saber sobre nuestras tradiciones. Verdadero Falso

5. Cada país y cultura tiene algo que ofrecer a los demás. Verdadero Falso

B. Completa cada frase para crear una imagen con palabras.

1. Tu risa es como _____ de _____.

2. Tu voz es un _____ de _____.

3. Tus pasos son _____ de _____.

C. Llena el espacio con una acción que le otorgue una cualidad humana a cada cosa.

1. El cocotero _____.   4. Las estrellas _____.

2. El sol _____.   5. Un ave _____.

3. Las nubes _____.   6. Una rosa _____.

D. Encierra en un círculo las palabras que riman dentro de cada grupo.

corazón	oreja	caminar	sombra	día	cantor
limón	media	altamar	ombú	hormiga	abrazo
redondo	ceja	canasta	ñandú	energía	amor

Name _____ Date _____

Acrostic Poem

Name _____   Date _____

Haiku Poems

little	moon
large	sun
beautiful	flower
blue	sky
white	star
yellow	bees
bright	horse
dark	birds

high	in	the sky
up	over	the trees
flying	above	the clouds
shining	among	the flowers
running	below	the fields
smiling	behind	the water
mysterious	on	the mountains
growing		the grass

summer	is coming
winter	is over
night	is here
morning	begins
spring	ends
a dream	
silence	
fall	

Name _____   Date _____

Word Association

Colors	Clothes	Parts of a House
_____	_____	_____
_____	_____	_____
_____	_____	_____
_____	_____	_____
_____	_____	_____
_____	_____	_____

Animals	Sports	Parts of the Body
_____	_____	_____
_____	_____	_____
_____	_____	_____
_____	_____	_____
_____	_____	_____

Nombre _____   Fecha _____

El gran valor de saber dos idiomas

Querida familia:

En saber dos idiomas representa una gran ventaja personal, social y económica. Al saber dos idiomas, las personas bilingües pueden ayudar y contribuir mucho al bienestar de su comunidad. Comente con su niño o niña las ventajas de ser bilingüe y las razones para sentirse orgulloso de serlo.

El saber dos idiomas ofrece beneficios personales porque:

_____

Una persona que sabe dos idiomas puede:

Ayudar a _____

Contribuir con _____

Aprender _____

¿Cómo y porqué el ser bilingüe ayuda o beneficia al conseguir trabajo?

_____

_____

_____

Completa esta oración:

Me siento orgulloso(a) de ser bilingüe porque _____

_____

_____

_____

Nombre _____ Fecha _____

A. Encierra en un círculo la respuesta.

1. Ser bilingüe ofrece muchos beneficios.   Verdadero   Falso

2. Debo estar orgulloso de mis padres, mi herencia y mi cultura.   Verdadero   Falso

3. Hay personas que solamente saben un idioma.   Verdadero   Falso

4. No es importante llevarse bien con personas de todas
   las razas.   Verdadero   Falso

5. No es importante aprender sobre la cultura de otros.   Verdadero   Falso

B. Completa cada frase para crear una imagen con palabras.

1. Tu corazón es como _____ de _____.

2. El viento es un _____ de _____.

3. Las estrellas son _____ de _____.

C. Llena el espacio con una acción que le otorgue una cualidad humana a cada cosa.

1. Una palabra _____.   4. El tambor _____.

2. El refrigerador _____.   5. El cielo _____.

3. Mi espejo _____.   6. Las palmas _____.

D. Encierra en un círculo las palabras que riman dentro de cada grupo.

colorada	tesoro	fría	amigo	enero	beso
sentada	manto	rebanada	abrigo	franca	amor
levanta	oro	sandía	blanca	sincero	flor

Name _____   Date _____

What's in My Box?

a bicycle

a truck

a doll

a book

There is a _____ in your box.

Name _____ Date _____

Express Yourself!

 I don't know.

 I don't care.

 I'm scared.

 I'm very sad.

Name _____   Date _____

Audience Directions

Applause

_____

Laugh

_____

Silence

_____

_____

Nombre Fecha

Todos colaboramos

Querida familia:

Cada miembro de la familia puede contribuir y colaborar para lograr el bienestar de los demás miembros. El ayudar de alguna forma a nuestra familia demuestra nuestro amor y contribuye a la unión y comprensión entre todos.

Miembro de la familia	Lo que hace para colaborar	Por qué es esto importante

Nombre _____   Fecha _____

A. Completa este resumen de la obra usando las palabras apropiadas.

Antes de la Navidad, los niños tratan de _____ para quién son los _____ que hay

debajo del _____ de Navidad. Encuentran regalos para todos sus primos, pero no

encuentran regalos para _____. Muy ofendidos, les _____ las tarjetas. El día de la

Navidad, los niños pasan una gran _____ al abrir regalos que no les _____. Al

final, los niños _____ regalos con sus primos.

> 1. arbolito   2. ellos   3. cambian   4. vergüenza
> 5. pertenecen   6. intercambian   7. averiguar   8. regalos

B. Marca la respuesta correcta.

1. Uno de los temas de la obra es _____.
   a. la generosidad
   b. la pobreza
   c. el deporte

2. Uno de los mensajes de la autora es que _____.
   a. es más importante dar que recibir
   b. aseguren sus regalos
   c. los regalos son importantes

3. Uno de los propósitos de la autora es _____.
   a. motivarnos a hacer regalos
   b. hacernos ver que a veces sacamos conclusiones equivocadas
   c. enseñarnos a decir la verdad

C. Encierra en un círculo la respuesta.

1. Los padres se olvidaron de regalarles algo a sus hijos.   Verdadero   Falso

2. Se puede inferir que los niños estaban celosos.   Verdadero   Falso

3. Los primos mayores se enfadaron mucho.   Verdadero   Falso

4. Los padres habían comprado regalos para sus hijos.   Verdadero   Falso

Nombre _____   Fecha _____

A. Llena el espacio en blanco con la palabra apropiada.

1. El _____ son las cortinas de un teatro.

2. La _____ es el cuento que se representa.

3. Los _____ son las personas que actúan.

4. El _____ es donde se dramatiza la obra.

5. El _____ son las personas que vienen a ver la obra.

> público   actores   obra   telón   escenario

B. Marca la respuesta correcta.

1. Uno de los temas de la obra es _____.
   a. el éxito
   b. la injusticia
   c. la generosidad

2. Uno de los mensajes de la autora es _____.
   a. cree en ti mismo
   b. aprende a montar bicicleta
   c. gana como puedas

3. Uno de los propósitos de la autora es _____.
   a. que no tengamos miedo de montar bicicleta
   b. que reconozcamos nuestros esfuerzos y logros
   c. que digamos la verdad

C. Encierra en un círculo la respuesta.

1. Cheta ganó la carrera.   Verdadero   Falso

2. El hermano de Cheta ganó la carrera.   Verdadero   Falso

3. Sólo los niños pueden ganar carreras en bicicleta.   Verdadero   Falso

4. Las niñas pueden ganar carreras.   Verdadero   Falso

5. Cheta se quedó dormida por el camino.   Verdadero   Falso

Nombre _____ Fecha _____

A. Recuerda y completa.

No lo _____ tú sola: Llama a los _____. Así dirán contentos: ¡Fuimos _____!	No _____ el grano sola, _____: _____ en compañía es cosa bonita.	No te las _____ todas sola, solita: _____ en compañía es cosa _____.

nosotros siembres otros	recojas hacerlo solita	comas comer bonita

B. ¿Quién dijo esto? Encierra en un círculo la respuesta correcta.

1. ¿Quiere usted unas tortillas de maíz riquísimas? — Gallinita   Pato y Pavo   Gato Garabato

2. Llámeme en cuanto las tenga listas. — Gallinita   Pato y Pavo   Gato Garabato

3. ¡Yo no! ¡Ni yo! — Gallinita   Pato y Pavo   Gato Garabato

4. ¿Me ayudan ustedes? — Gallinita   Pato y Pavo   Gato Garabato

5. ¡Sí, sí! Nosotros también queremos. — Gallinita   Pato y Pavo   Gato Garabato

6. Ya les avisaré... ya les avisaré. — Gallinita   Pato y Pavo   Gato Garabato

C. Encierra en un círculo la respuesta.

1. Los animales querían ayudar a la gallinita. — Verdadero   Falso

2. Los animales querían comer tortillas. — Verdadero   Falso

3. Es bonito trabajar en compañía. — Verdadero   Falso

4. A veces hay que hacer las cosas por uno mismo. — Verdadero   Falso

Name _____ Date _____

Symbols

beauty

peace

love

friendship

courage

The _____ is a symbol for beauty.

The _____ is a symbol for peace.

The _____ is a symbol for love.

The _____ is a symbol for friendship.

The _____ is a symbol for courage.

Name _____   Date _____

Colors in Nature

grapes	red	sky	green	purple	grass	orange
flowers	blue	sun	oranges	yellow		

The sky is _____.   The grass is _____.

The flowers are _____.   The grapes are _____.

The sun is _____.   The oranges are _____.

Name _____   Date _____

Stage Bingo

upstage right	upstage center	upstage left
right	center	left
downstage right	downstage center	downstage left

Nombre _____   Fecha _____

Una herencia con un valor sentimental

Querida familia:

Una herencia con un valor sentimental podría ser un objeto, como una carta, un retrato, un adorno para el hogar, una prenda de vestir o una joya, que le pertenecía a un antepasado de la familia o a una persona especial, y que ha pasado a pertenecer a usted o a todos en la familia. Elija un objeto que cumpla con estos requisitos y hable acerca del mismo con su niño o niña.

¿Qué objeto tienen en casa que representa una herencia con valor sentimental?

_____

_____

¿Quién es el antepasado o persona especial que le heredó ese objeto?

_____

_____

¿Cuál es la relación de esta persona con usted?

_____

_____

¿Dónde nació?   ¿Dónde vivió?   ¿Qué oficio tenía?

_____   _____   _____

¿Qué palabras usaría usted para describir el carácter de esta persona?

_____ , _____ , _____ y _____

¿Cuáles son los sentimientos, valores personales o recuerdos que este objeto le evoca?

_____

_____

_____

Nombre _____ Fecha _____

A. Marca la respuesta correcta.

1. El autor de la famosa poesía "A Margarita Debayle" es:

   a. Rubén Darío   b. José Martí   c. Gabriela Mistral

2. ¿Qué quería hacer la princesita?

   a. buscar una estrella   b. ir a un baile   c. cortar flores

3. ¿Qué quería hacer la princesita con lo que buscaba?

   a. un poema   b. un prendedor   c. una obra de arte

B. ¿Quién dijo esto? Une con una línea.

1. Yo me fui no sé por qué.   Rey Sol

2. Vuelve al cielo, y lo robado vas ahora a devolver.   Princesita

3. Son mis flores de las niñas que al soñar piensan en mí.   Rey Padre

C. ¿Cómo se sentía el Rey al principio, en la mitad y al final del relato?

Principio	Mitad	Final
a. enojado y triste	a. triste y enfermo	a. orgulloso y feliz
b. amoroso y feliz	b. enojado y avergonzado	b. enojado y triste
c. solitario y triste	c. confundido y pobre	c. celoso y soberbio

D. Recuerda y completa.

La _____ está bella, pues ya tiene el _____ en que lucen, con la _____ , verso, _____ , pluma y _____ .	Ya que _____ de _____ vas a estar, _____ , niña, un _____ pensamiento al que un día te quiso contar un _____ .

perla princesita flor prendedor estrella   cuento gentil lejos guarda mí

Nombre _____ Fecha _____

A. Recuerda y contesta:

1. ¿Cuál era el problema en la obra?

   a. va a llover   b. Los colores han dejado de ser amigos   c. no ha salido el sol

2. ¿Qué unió a todos los colores?

   a. la lluvia   b. una flor   c. las nubes

3. ¿Qué estaba haciendo el arco iris al principio de la obra?

   a. tomando una siesta   b. hablando con Alicia y el conejo   c. comiendo

4. ¿Por qué el arco iris les enseñó un espejo a los colores?

   a. para que se vieran unidos   b. para que se peinaran   c. para asustarlos

B. ¿Quién dijo esto?

1. ¿Qué ven en este espejo?	Azulina	Blanquita	Arco iris	Rosita
2. Mi resplandor, a las nubes, nadie se lo quita.	Azulina	Blanquita	Arco iris	Rosita
3. Soy el color del cielo.	Azulina	Blanquita	Arco iris	Rosita
4. Mi nombre y mi color son los de una flor.	Azulina	Blanquita	Arco iris	Rosita
5. He estado durmiendo una siesta.	Azulina	Blanquita	Arco iris	Rosita

C. Identifica:

1. Uno de los tema de la obra

   a. la amistad   b. la injusticia   c. la vida de los colores

2. El mensaje de la autora

   a. Cada persona tiene su propia identidad y valor.

   b. Los arco iris son bonitos.

   c. Los colores el arco iris son raros.

3. El propósito de la autora

   a. promover la unión entre las personas

   b. enseñar los colores

   c. demostrar que el sol es importante

Nombre _____   Fecha _____

A. Completa el párrafo usando las palabras apropiadas.

La obra titulada _____ es una adaptación libre escrita por _____ del cuento tradicional de Charles Perrault que se titula _____. El escenario del cuento es _____. Un personaje importante en el cuento es Juan, a quien su padre le deja como _____ una gata, que luego le trae _____.

```
1. Alma Flor Ada          3. El gato con botas       5. La gata con botas
2. la tierra de los cuentos   4. herencia             6. fortuna
```

B. ¿Quién dijo esto? Encierra en un círculo la respuesta correcta.

1. Sólo te puedo dar esta moneda de oro.   Gata   Rey   Ogro   Juan   Molinero
2. Cómprame un sombrero, botas y guantes.   Gata   Rey   Ogro   Juan   Molinero
3. Déjame también la gata.   Gata   Rey   Ogro   Juan   Molinero
4. ¡Grrrr!   Gata   Rey   Ogro   Juan   Molinero
5. Buen castillo tienes, Marqués.   Gata   Rey   Ogro   Juan   Molinero

C. Recuerda y completa.

En la tierra de los _____ había un viejo molino; con ayuda de los _____ hacía _____ de trigo.

El _____ de aquel molino era un viejo _____. Se puso malo en diciembre y se murió para _____...

```
vientos   cuentos   harina          enero   molinero   dueño
```

VOCABULARY GRAPHIC ORGANIZERS

GOLD SET

Inventario de palabras

Es la primera vez que oigo o veo esta palabra.	La he escuchado y la he visto antes, pero no sé exactamente qué significa.	Conozco una definición de esta palabra. Podría usarla en una oración.	Conozco varias maneras de usar esta palabra.

El Buscalotodo de una palabra

Palabra

Significado

Morfología

Origen: (Latín/Griego/Árabe/Francés/Inglés, etc.)	Prefijo	Raíz	Sufijo

Palabras derivadas

Sinónimos	Antónimos

Cómo se usa esta palabra en el texto

Cómo puedo usar yo esta palabra

El Buscalotodo poético

Palabras abstractas

Palabras que riman

Lenguaje figurado

Personificaciones	Metáforas	Símiles

Lenguaje sensorial

Gusto	Tacto	Oído	Vista	Olfato

Explorar el concepto

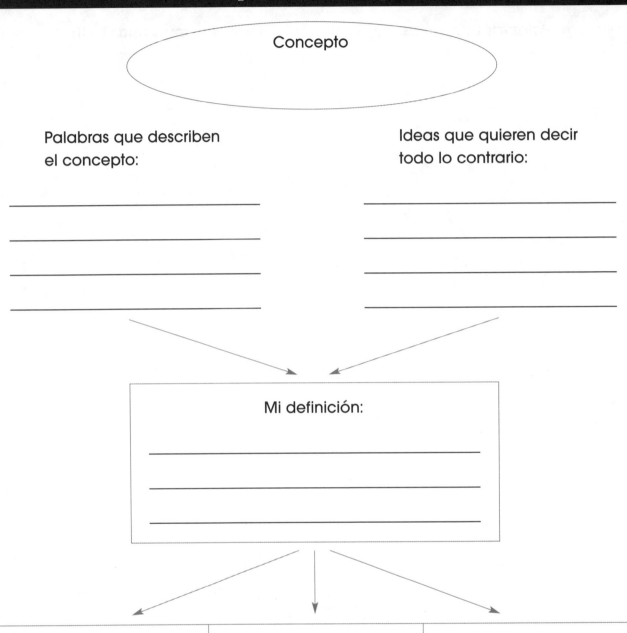

Concepto

Palabras que describen
el concepto:

_____

_____

_____

_____

Ideas que quieren decir
todo lo contrario:

_____

_____

_____

_____

Mi definición:

_____

_____

_____

Podría usar esta palabra
para describir, por
ejemplo:

Palabras relacionadas
que conozco:

¿Dónde podría aprender
más acerca de este
concepto?

Escalera conceptual I (para conceptos concretos)

Concepto

Otros nombres que recibe:

Se parece a...

Puede usarse en lugar de...

Está hecho (hecha) de...

Sus partes son...

Sirve para...

Es así... (descripción)

Escalera conceptual II (para conceptos abstractos)

Concepto

Otros nombres que recibe:

Se relaciona con...

¿Cuáles son sus causas?

¿Cuáles son sus efectos?

¿Con qué otros conceptos se relaciona?

Se puede ver en lugares o situaciones como...

Puede afectarse o acabarse cuando...

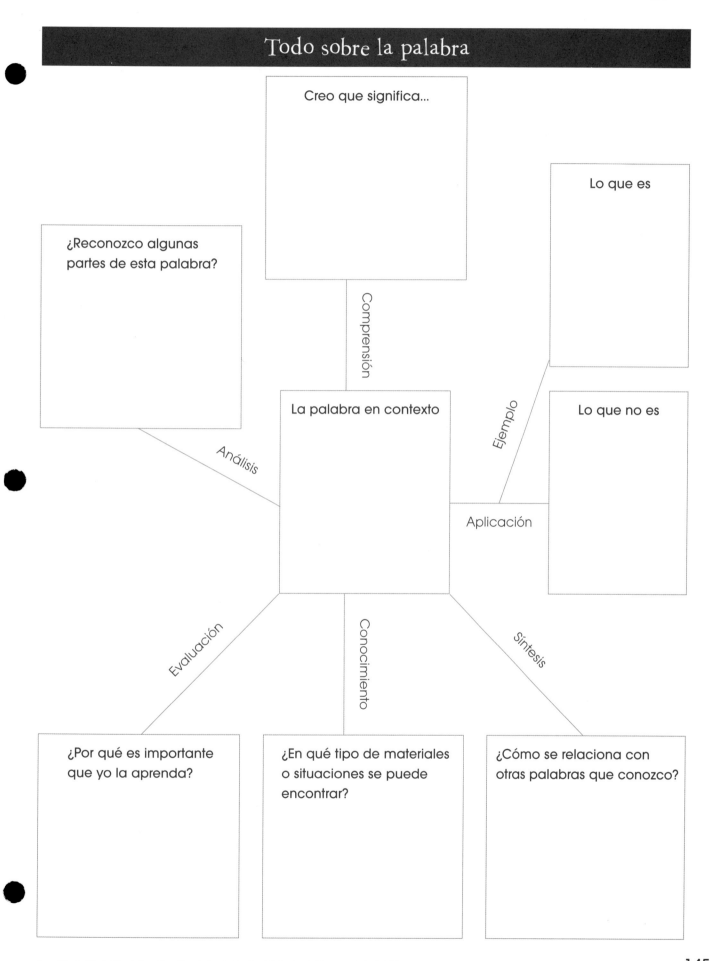

Mapa de relaciones

Palabra: _____

La palabra en contexto

_____
_____

Lo que es...   Lo que no es...

_____   _____
_____   _____
_____   _____
_____   _____
_____   _____

Puedo encontrarla en...
(lugares, acontecimientos, situaciones o personas)

Siempre la recordaré si la asocio con...

Significados múltiples

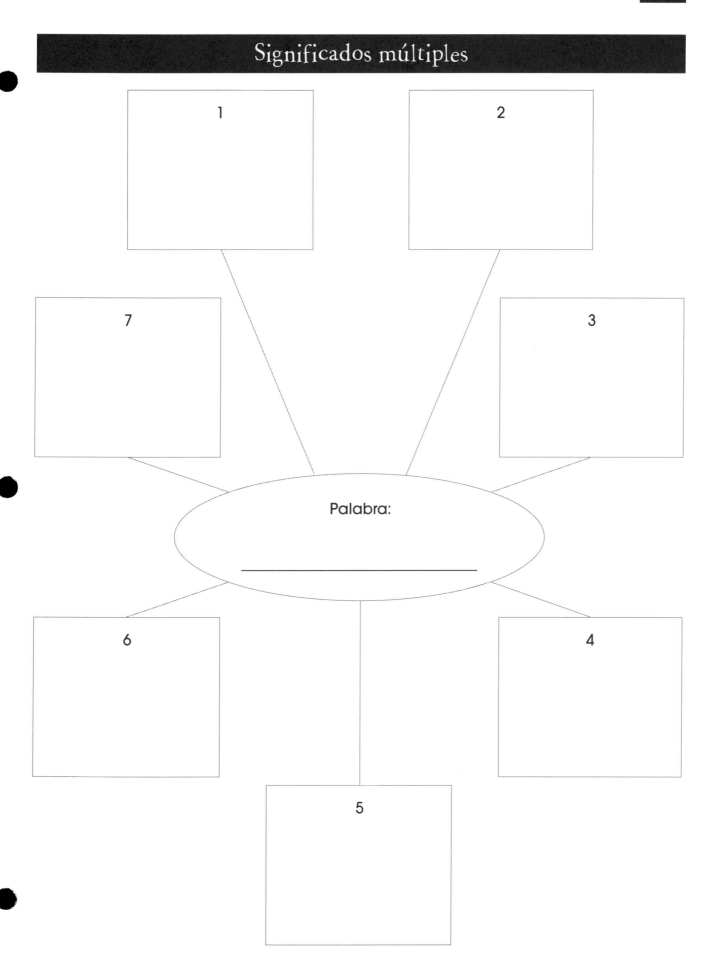

1

2

7

3

Palabra:

_____

6

4

5

THEATER MANAGEMENT SHEETS

SILVER and GOLD SETS

Planeación de la obra

Acto # _____ Escena # _____

Personaje	Acotaciones	Accesorios/ Vestuario	Sonido	Otros

Plan de acción para el equipo de producción

Supervisor: _____

Miembros del equipo de producción:

_____ _____ _____

_____ _____ _____

Tarea	Materiales necesarios	Encargado	Fecha de entrega

Plano del escenario

FONDO DERECHA	FONDO CENTRO	FONDO IZQUIERDA
CENTRO DERECHA	CENTRO	CENTRO IZQUIERDA
FRENTE DERECHA	FRENTE CENTRO	FRENTE IZQUIERDA

El estudiante diseñador

¡Con tu creatividad e imaginación puedes transformar
un objeto común en algo extraordinario!

Sigue estos pasos:

1 Imagina → 2 Diseña → 3 Busca material → 4 Confecciona → 5 ¡Disfrútalo!

Plan para el diseño de vestuario, escenografía y accesorios

Artículo que necesitamos	Ideas	Materiales que podría usar	Diseño

TEACHER ASSESSMENT FORMS

SILVER and GOLD SETS

Comprehension and Critical Thinking Assessment Through the Creative Reading Approach
Assessment Protocol

Name: _____   Age _____   Grade _____   Year _____

3 = advanced proficiency: analyzes, recounts, and contrasts the reading with her/his own experiences, creates and explores new possibilities and proposes to apply what has been learned to his/her own life
2 = intermediate proficiency: analyzes, recounts, and contrasts what the reading presents to her/his own experiences
1 = beginning proficiency: analyzes and recounts to the class her/his own emotions and experiences
0 = not evident: repeats the received information, but does not relate it to her/his own knowledge nor create new possibilities

DIALOGUE AND READING PHASES	SCORE			EVIDENCE
	Date: / Selection:	Date: / Selection:	Date: / Selection:	I: Illustrated O: Oral W: Written R: Recorded
Descriptive Phase: Students observe and decode messages and develop their abilities to:				
Observe				
Discriminate between details				
Establish categories for objects and actions				
Identify characters and their characteristics				
Identify the sequence of events				
Personal/Interpretive Phase: Through dialogue, students relate the illustrations and text to their own personal experiences to develop:				
A better understanding of themselves				
Self-esteem				
The ability to compare and contrast				
The ability to draw differences				
The ability to express themselves				
Critical/Multicultural/Anti-Bias Phase: Through dialogue, students begin to develop critical thinking skills that enable them to:				
Establish cause and effect relations				
Make critical judgments				
Recognize values				
Assess and appreciate what is most important				
Creative/Transformative Phase: Through dialogue, students relate new concepts to their own lives, analyzing ways to enrich or improve them, and developing their abilities to:				
Propose actions that apply what has been learned				
Analyze situations to discern conflicts, new possibilities and directions, or improvements				
Analyze situations to establish principles				
Analyze situations to establish leadership				

Comprehension and Critical Thinking Assessment Through the Creative Reading Approach

Assessment Protocol

RECORD OF INTERVENTIONS AND IMPLICATIONS OF TEACHING

Date	Plan	Results

ANECDOTES

Date/Notes

CONFERENCE WITH PARENTS OR MENTORS

Continuum of Listening and Speaking Skills Applications for Grades K-2

Name: _____ Age _____ Grade _____ Year _____

3 = advanced proficiency: Speaks clearly in a logical sequence, using proper intonation and volume for each type of communication, and includes descriptive details while taking the audience into consideration

2 = intermediate proficiency: Speaks clearly for each type of communication, using a logical sequence and descriptive details

1 = beginning proficiency: Speaks and communicates ideas, approximating a logical sequence and offering important details while using adequate volume and intonation

0 = not evident: Does not speak nor communicate ideas orally

Listening and Speaking Strategies	Date	Score	Date	Score	Evidence
Listens attentively					
Listens and responds to oral communication					
Speaks in clear and coherent sentences					
Describes people, places, things, locations, and actions					
Recites short poems, rhymes, and songs					
Recounts stories, tongue twisters, and sayings					
Relates an important life event or personal experience in a simple sequence					
Provides descriptions with careful attention to sensory details					

Listening and Speaking Comprehension Skills	Date	Score	Date	Score	Evidence
Understands and follows one- and two-step oral directions					
Shares information and ideas, speaking audibly in complete, coherent sentences					
Asks questions for clarification and understanding					
Gives, restates, and follows directions					
Asks for clarification and explanations of stories and ideas					
Paraphrases information that has been shared orally by others					
Gives and follows three- and four-step oral directions					

Organization and Mode of Expression in Oral Communication	Date	Score	Date	Score	Evidence
Organizes presentations in a way that maintains a clear focus					
Speaks clearly and uses proper pace, intonation, and volume for the specific type of communication (e.g., informal discussion, class report)					

Speech Applications	Date	Score	Date	Score	Evidence
Recounts personal experiences or stories in a logical sequence					
Describes elements of a story (e.g., character, plot, setting)					
Reports on a topic using facts and details that draw upon various sources of information					
Recites poetry, makes declarative statements, and tells short stories					
Participates in plays, and recites monologues, soliloquies, and dialogues					

158

Continuum of Listening and Speaking Skills Applications for Grades 3-5

Name: _____ Age _____ Grade _____ Year _____

3 = advanced proficiency: Speaks clearly in a logical sequence, using proper intonation and volume for each type of communication, and includes descriptive details while taking the audience into consideration

2 = intermediate proficiency: Speaks clearly for each type of communication, using a logical sequence and descriptive details

1 = beginning proficiency: Speaks and communicates ideas, approximating a logical sequence and offering important details while using adequate volume and intonation

0 = not evident: Does not speak nor communicate ideas orally

Listening and Speaking Strategies	Date	Score	Date	Score	Evidence
Listens attentively and critically					
Listens and responds appropriately to oral communication					
Speaks to guide the listener to understanding					
Responds to questions with appropriate elaboration					
Recites short poems, rhymes and songs					
Recounts stories, paraphrases and explains what has been said by a speaker					
Connects and relates prior experiences, insights, and ideas to those of a speaker					
Provides descriptions with careful attention to sensory details					

Listening and Speaking Comprehension Skills	Date	Score	Date	Score	Evidence
Understands and follows three- and four-step oral directions					
Shares information and ideas, speaking audibly in complete, coherent sentences					
Asks questions for clarification and understanding					
Gives, restates, and follows directions					
Asks for clarification and explanations of stories and ideas					
Paraphrases information that has been shared orally by others					
Gives and follows three- and four-step oral directions					

Organization and Mode of Expression in Oral Communication	Date	Score	Date	Score	Evidence
Organizes ideas chronologically or around major points of information					
Speaks clearly and uses proper fluency, rhythm, pace, intonation, and volume for the specific type of communication (e.g., reading prose and poetry, informal discussion, class report, drama, declamations)					

Speech Applications	Date	Score	Date	Score	Evidence
Recounts personal experiences or stories in a logical sequence, providing a context and insight into why the incident is memorable					
Describes the elements of a story with well-chosen details (e.g., character, plot, setting)					
Plans and presents dramatic interpretations of experiences, stories, poems, or plays with clear diction pitch, tempo, and tone					
Makes presentations that frame a key question or persuasion, including facts, details, and more than one source of information					
Participates in plays, and recites monologues, soliloquies, and dialogues.					

159

Teacher Reflections

	What did I learn from students' responses?	What were the highlights in student learning?	Ideas to try next time
Launching the Unit			
Development of Critical and Creative Thinking			
Vocabulary Development			
Language Acquisition			
Cross-Curricular Connections			
Creative Expression			
Home Connection			
Character Education and Values			

STUDENT ASSESSMENT FORMS

SILVER and GOLD SETS

Nombre _____ Fecha _____

Evaluación de mi trabajo

	Página	Razones
Mi mejor tarea		
La tarea que más disfruté		
La tarea más difícil		
La tarea que demuestra mi creatividad		
Estoy muy orgulloso de...		

Evaluación de mi aprendizaje

Algo que ya sabía	
Algo nuevo que aprendí	
Quiero aprender más sobre...	

1 debo mejorar	2 estoy mejorando	3 bien	4 muy bien	5 excelente

	1	2	3	4	5
¿CÓMO LO HAGO?					
Trabajo bien solo/a					
Trabajo bien con otros estudiantes					
Formulo preguntas para averiguar lo que necesito					
Soy responsable					
Aprendo todos los días					
Estoy orgulloso/a de mi idioma					
Estoy orgulloso/a de aprender otro idioma					
Me llevo bien con mis amigos					

Comentarios del maestro/la maestra	Comentarios del padre o tutor

Name _____   Date _____

Assessment of My Work

	Page	Reasons
My best work		
Work I enjoyed most		
Work that was difficult for me		
Work that shows my creativity		
I am most proud of...		

Assessment of Myself as Learner

Something I already knew	
Something new I learned	
I want to learn more about...	

1 must do better	2 doing better	3 did o.k.	4 great job	5 shining star

HOW AM I DOING?	1	2	3	4	5
I work well by myself					
I work well with other students					
I ask questions to find out what I need					
I am responsible					
I am learning every day					
I am proud of my language					
I am proud to learn a new language					
I get along with my friends					

Teacher Comments	Parent or Tutor Comments

Nombre _____ Fecha _____

1 debo mejorar	2 estoy mejorando	3 bien	4 muy bien	5 excelente

	1	2	3	4	5
PUEDO AYUDAR					
Me llevé bien con otros					
Compartí mis ideas y pensamientos con otros					
Respeté los turnos para hablar y escuchar					
Ayudé a planear y organizar las actividades					

	1	2	3	4	5
PUEDO CREAR					
Ingenié diferentes maneras de hacer las cosas					
Dibujé algo que podemos crear					
Ayudé a crear algo					
Creé algo					

	1	2	3	4	5
PUEDO ACTUAR					
Hablé alto y claro					
Miré hacia la audiencia en todo momento					
Recordé lo que debía decir y hacer					
Expresé sentimientos y pensamientos con mi cuerpo					

Crecer 🌸	Brillar ☆
Algo en lo que quiero mejorar	Algo de lo cual estoy orgulloso/a

Comentarios del maestro/la maestra	Comentarios del padre o tutor

Name _____   Date _____

1 must do better	2 doing better	3 did o.k.	4 great job	5 shining star

	1	2	3	4	5
I CAN COLLABORATE					
I got along with others					
I shared my ideas and thinking					
I took turns listening and speaking					
I helped in planning and organizing what had to be done					

	1	2	3	4	5
I CAN CREATE					
I thought of ways to do things					
I made a drawing of something we can make					
I helped to make something					
I created something					

	1	2	3	4	5
I CAN ACT					
I spoke loud and clear					
I remembered to face the audience at all times					
I remembered what I had to say and do					
I moved my body to show thoughts and feelings					

Grow 🌸	Glow ☆
Something I want to do better	Something I am proud of

Teacher Comments	Parent or Tutor Comments

ANSWER KEY

SILVER SET

Nombre   Fecha

¿Qué ves?

■ Elige tres cosas que podrías ver en cada lugar.

cielo	campo	ciudad	casa
luna	**montaña**	**calles**	**mesa**
sol	**caballos**	**carros**	**silla**
estrellas	**árboles**	**árboles**	**sofá**

calles	mesa	sofá	luna	sol	silla
árboles	luces	montaña	caballos	carros	estrellas

¡Cuántas cosas!

■ Añade *s* o *es* para formar el plural.

caballete **s**   pintura **s**   pincel **es**   pintor **es**   fiesta **s**

lienzo **s**   señor **es**   cuadro **s**   perro **s**   ciudad **es**

¡Eres un artista!

■ Dibuja un cuadro que tenga lo siguiente:

un sol	dos montañas	tres nubes	cuatro personas	cinco árboles
seis animales	siete plantas	ocho zapatos	nueve piedras	diez flores

Drawings may vary.

2   © Santillana USA

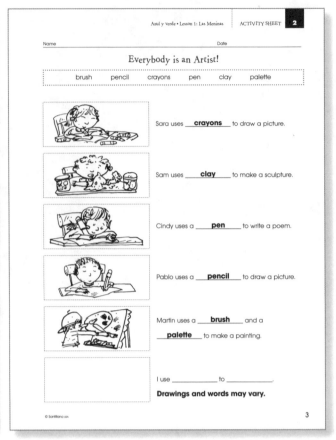

Name   Date

Everybody is an Artist!

brush	pencil	crayons	pen	clay	palette

Sara uses **crayons** to draw a picture.

Sam uses **clay** to make a sculpture.

Cindy uses a **pen** to write a poem.

Pablo uses a **pencil** to draw a picture.

Martin uses a **brush** and a **palette** to make a painting.

I use _____ to _____.

Drawings and words may vary.

© Santillana USA   3

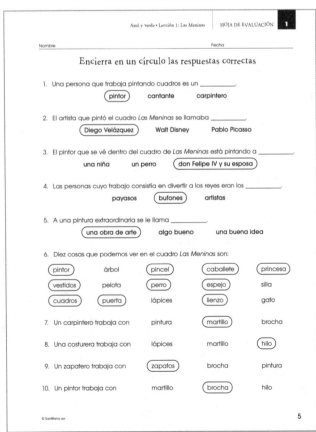

Nombre   Fecha

Encierra en un círculo las respuestas correctas

1. Una persona que trabaja pintando cuadros es un _____.
   (pintor)   cantante   carpintero

2. El artista que pintó el cuadro *Las Meninas* se llamaba _____.
   (Diego Velázquez)   Walt Disney   Pablo Picasso

3. El pintor que se vé dentro del cuadro de *Las Meninas* está pintando a _____.
   una niña   un perro   (don Felipe IV y su esposa)

4. Las personas cuyo trabajo consistía en divertir a los reyes eran los _____.
   payasos   (bufones)   artistas

5. A una pintura extraordinaria se le llama _____.
   (una obra de arte)   algo bueno   una buena idea

6. Diez cosas que podemos ver en el cuadro *Las Meninas* son:

(pintor)	árbol	(pincel)	(caballete)	(princesa)
(vestidos)	pelota	(perro)	(espejo)	silla
(cuadros)	(puerta)	lápices	(lienzo)	gato

7. Un carpintero trabaja con   pintura   (martillo)   brocha

8. Una costurera trabaja con   lápices   martillo   (hilo)

9. Un zapatero trabaja con   (zapatos)   brocha   pintura

10. Un pintor trabaja con   martillo   (brocha)   hilo

© Santillana USA   5

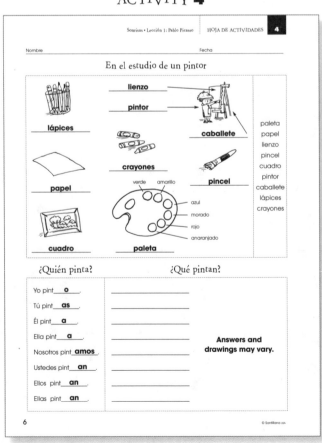

Nombre   Fecha

En el estudio de un pintor

lápices   **lienzo**   **pintor**   **caballete**

crayones   **papel**

verde   amarillo   azul   morado   rojo   anaranjado

pincel   **cuadro**   **paleta**

paleta
papel
lienzo
pincel
cuadro
pintor
caballete
lápices
crayones

¿Quién pinta?

Yo pint **o**.

Tú pint **as**.

Él pint **a**.

Ella pint **a**.

Nosotros pint **amos**.

Ustedes pint **an**.

Ellos pint **an**.

Ellas pint **an**.

¿Qué pintan?

Answers and drawings may vary.

6   © Santillana USA

ACTIVITY **5**

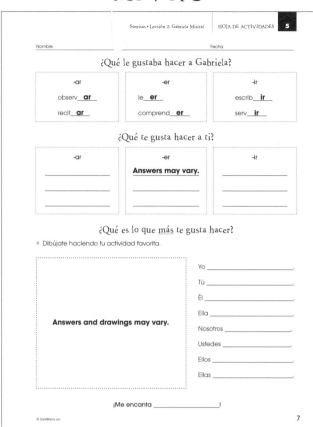

Sonrisas • Lección 2: Gabriela Mistral   HOJA DE ACTIVIDADES **5**

Nombre _____   Fecha _____

¿Qué le gustaba hacer a Gabriela?

-ar	-er	-ir
observ_**ar**_	le_**er**_	escrib_**ir**_
recit_**ar**_	comprend_**er**_	serv_**ir**_

¿Qué te gusta hacer a ti?

-ar	-er	-ir
_____	**Answers may vary.**	_____
_____	_____	_____
_____	_____	_____

¿Qué es lo que <u>más</u> te gusta hacer?

▪ Dibújate haciendo tu actividad favorita.

Answers and drawings may vary.

Yo _____.
Tú _____.
Él _____.
Ella _____.
Nosotros _____.
Ustedes _____.
Ellos _____.
Ellas _____.

¡Me encanta _____!

© Santillana USA   7

ACTIVITY **6**

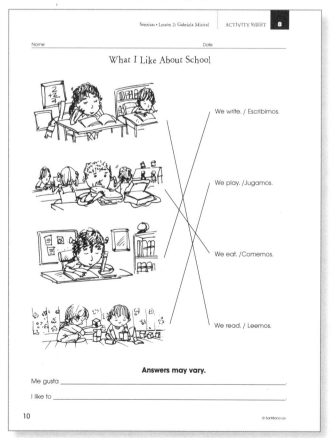

Sonrisas • Lección 3: Benito Juárez   HOJA DE ACTIVIDADES **6**

Nombre _____   Fecha _____

¿Cómo se relacionan los miembros de una familia?

abuelo — La hija de la mamá o del papá
abuela — El papá de la mamá o del papá
padre — La mamá
madre — La hermana de la mamá o del papá
tío — La hija de la tía o del tío
tía — El hermano de la mamá o del papá
hermano — La mamá de la mamá o del papá
hermana — El hijo de la mamá o del papá
primo — El hijo de la tía o el tío
prima — El papá

¿Dónde vives tú? ¿Dónde vive tu familia?

Answers may vary.

Yo vivo en _____ , _____ , _____.

_____ es mi _____ y vive en _____ , _____ , _____.
_____ es mi _____ y vive en _____ , _____ , _____.
_____ es mi _____ y vive en _____ , _____ , _____.
_____ es mi _____ y vive en _____ , _____ , _____.

8   © Santillana USA

ACTIVITY **7**

Sonrisas • Lesson 1: Pablo Picasso   ACTIVITY SHEET **7**

Name _____   Date _____

rojo	amarillo	azul	morado
anaranjado	verde	triángulo	rectángulo
cuadrado	círculo	red	yellow
blue	purple	orange	green
triangle	rectangle	square	circle

© Santillana USA   9

ACTIVITY **8**

Sonrisas • Lesson 2: Gabriela Mistral   ACTIVITY SHEET **8**

Name _____   Date _____

What I Like About School

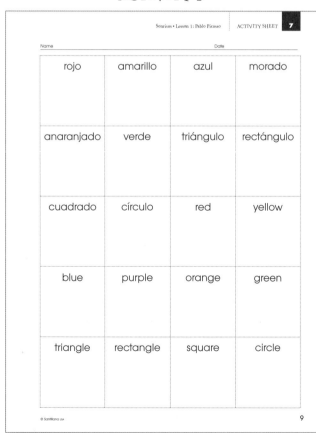

We write. / Escribimos.

We play. / Jugamos.

We eat. / Comemos.

We read. / Leemos.

Answers may vary.

Me gusta _____.

I like to _____.

10   © Santillana USA

Silver Set / Answer Key   169

ACTIVITY 9

Name   Date

We Love our Families!

abuelo	grandfather
abuela	grandmother
madre	mother
padre	father
tío	uncle
tía	aunt
hermano	brother
hermana	sister
primo	cousin (boy)
prima	cousin (girl)

© Santillana USA   11

ASSESSMENT 2

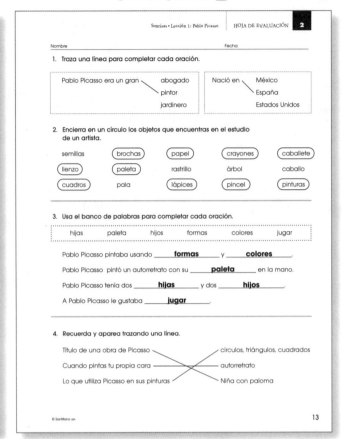

Nombre   Fecha

1. Traza una línea para completar cada oración.

Pablo Picasso era un gran — abogado / **pintor** / jardinero

Nació en — México / **España** / Estados Unidos

2. Encierra en un círculo los objetos que encuentras en el estudio de un artista.

semillas   (brochas)   (papel)   (crayones)   (caballete)
(lienzo)   (paleta)   rastrillo   árbol   caballo
(cuadros)   pala   (lápices)   (pincel)   (pinturas)

3. Usa el banco de palabras para completar cada oración.

| hijas | paleta | hijos | formas | colores | jugar |

Pablo Picasso pintaba usando **formas** y **colores**

Pablo Picasso pintó un autorretrato con su **paleta** en la mano.

Pablo Picasso tenía dos **hijas** y dos **hijos** .

A Pablo Picasso le gustaba **jugar** .

4. Recuerda y aparea trazando una línea.

Título de una obra de Picasso — círculos, triángulos, cuadrados

Cuando pintas tu propia cara — autorretrato

Lo que utiliza Picasso en sus pinturas — Niña con paloma

© Santillana USA   13

ASSESSMENT 3

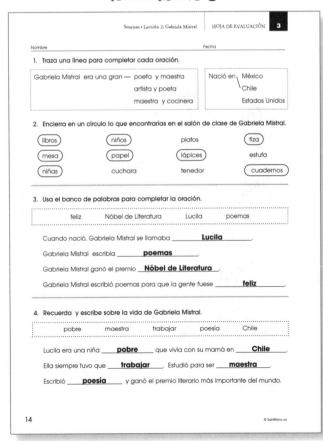

Nombre   Fecha

1. Traza una línea para completar cada oración.

Gabriela Mistral era una gran — **poeta y maestra** / artista y poeta / maestra y cocinera

Nació en — México / **Chile** / Estados Unidos

2. Encierra en un círculo lo que encontrarías en el salón de clase de Gabriela Mistral.

(libros)   (niños)   platos   (tiza)
(mesa)   (papel)   (lápices)   estufa
(niñas)   cuchara   tenedor   (cuadernos)

3. Usa el banco de palabras para completar la oración.

feliz   Nóbel de Literatura   Lucila   poemas

Cuando nació, Gabriela Mistral se llamaba **Lucila** .

Gabriela Mistral escribía **poemas** .

Gabriela Mistral ganó el premio **Nóbel de Literatura** .

Gabriela Mistral escribió poemas para que la gente fuese **feliz**

4. Recuerda y escribe sobre la vida de Gabriela Mistral.

pobre   maestra   trabajar   poesía   Chile

Lucila era una niña **pobre** que vivía con su mamá en **Chile** .

Ella siempre tuvo que **trabajar** . Estudió para ser **maestra** .

Escribió **poesía** y ganó el premio literario más importante del mundo.

14   © Santillana USA

ASSESSMENT 4

Nombre   Fecha

1. Traza una línea para completar cada oración.

Benito Juárez fue un gran — maestro / pintor / **presidente**

Nació en — Estados Unidos / Costa Rica / **México**

2. ¿Es cierto o no es cierto? Encierra en un círculo la respuesta.

1. Benito era de origen zapoteca.   (Sí)   No
2. Benito tenía mucho dinero.   Sí   (No)
3. Benito trabajaba en el campo.   (Sí)   No
4. Benito estudió para ser abogado   (Sí)   No
5. Benito jugaba y compraba cosas todos los días.   Sí   (No)
6. Benito Juárez fue juez.   (Sí)   No
7. Benito Juárez siempre defendió a los pobres.   (Sí)   No
8. Benito Juárez fue presidente de México.   (Sí)   No
9. Benito quería lo mejor para él solamente.   Sí   (No)
10. Benito Juárez luchó para que todos pudieran ir a la escuela.   (Sí)   No

3. Usa el banco de palabras para completar cada oración.

hermanas   mamá   papá   tío   abuelo   abuela

Cuando Benito tenía tres años murieron su **papá** y su **mamá**

Benito y sus **hermanas** fueron a vivir con su **abuelo** y su **abuela**

Benito Juárez también vivió con su **tío** .

4. Recuerda y completa la frase de Benito Juárez.

paz   respeto

El **respeto** al derecho ajeno es la **paz** .

© Santillana USA   15

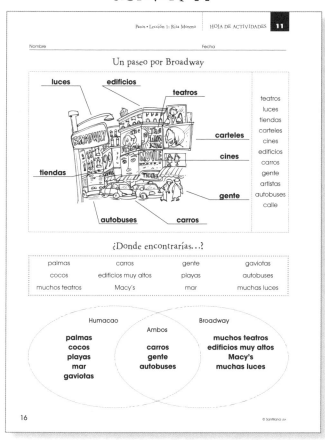

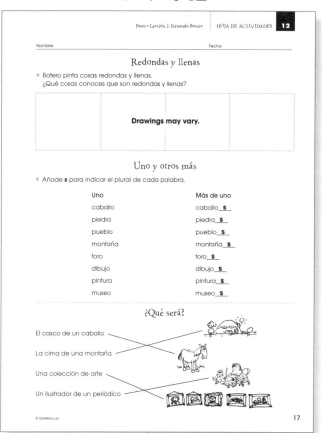

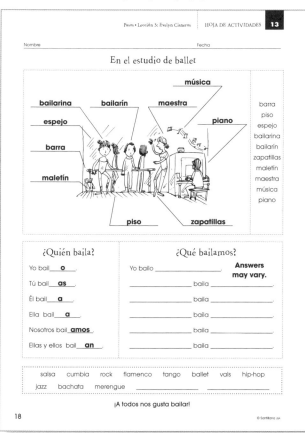

Silver Set / Answer Key

Pasos • Lesson 2: Fernando Botero   ACTIVITY SHEET **15**

Name _____   Date _____

Learning is Important!

Drawings and sentences may vary.

Sé _____.

I know how to _____.

Quiero aprender a _____.

I want to learn how to _____.

20   © Santillana USA

Pasos • Lesson 3: Evelyn Cisneros   ACTIVITY SHEET **16**

Name _____   Date _____

Who? What? Where?

	Sentences may vary.	
friend	at home	rock
mother	at school	salsa
father	on stage	ballet
sister	in the studio	folk
uncle	at the park	line dance

© Santillana USA   21

Pasos • Lección 1: Rita Moreno   HOJA DE EVALUACIÓN **5**

Nombre _____   Fecha _____

1. Traza una línea para completar cada oración.

Rita Moreno es una gran — pintora / abogada / **actriz**

Nació en — **Colombia** / Puerto Rico / Chile

2. ¿Dónde encontrarías...? Encierra en un círculo la respuesta correcta.

1. La calle Broadway — Puerto Rico / (Nueva York)
2. Palmas de coco — (Puerto Rico) / Nueva York
3. Muchos edificios altos — Puerto Rico / (Nueva York)
4. Carteles de teatro y cine — Puerto Rico / (Nueva York)
5. Mucha gente y muchos carros — Puerto Rico / (Nueva York)
6. Playas del mar caribe — (Puerto Rico) / Nueva York

3. Usa el banco de palabras para completar cada oración.

el Grammy   el Emmy   el Oscar   el Tony

1. El premio más importante del cine es _____**el Oscar**_____.
2. El premio más importante del teatro es _____**el Tony**_____.
3. El premio más importante de la música es _____**el Grammy**_____.
4. El premio más importante de la televisión es _____**el Emmy**_____.

4. Recuerda y completa el párrafo utilizando las palabras de la derecha.

Rita Moreno es la ___**única**___ actriz en el ___**mundo**___

que ha ganado los ___**cuatro**___ premios más importantes

de cine, teatro, televisión y música. Rita Moreno se siente

orgullosa de ser ___**latina**___.

latina
única
mundo
cuatro

© Santillana USA   23

Pasos • Lección 2: Fernando Botero   HOJA DE EVALUACIÓN **6**

Nombre _____   Fecha _____

1. Traza una línea para completar cada oración.

Fernando Botero es un gran — torero / **pintor** / presidente

Nació en — Puerto Rico / **Colombia** / México

2. ¿Es cierto o no es cierto? Encierra en un círculo la respuesta.

1. El padre de Fernando Botero murió cuando el sólo tenía 4 años. (Sí) No
2. Fernando fue a vivir con su tío. (Sí) No
3. Fernando acompañaba a su tío a ver corridas de toros. (Sí) No
4. Fernando Botero trabajó como fotógrafo para un periódico. Sí (No)
5. Fernando Botero pintaba como él quería. (Sí) No
6. A Fernando no le gustaba visitar museos. Sí (No)
7. Fernando Botero se inspira en pinturas de otros pintores. (Sí) No
8. A Fernando Botero no le gustaba viajar. Sí (No)

3. Usa el banco de palabras para completar cada oración.

redondas   aprender   llenas   Italia   favoritos   artista

Fernando Botero sabía que era ___**artista**___ y estaba dispuesto a ___**aprender**___.

Fernando Botero pinta figuras ___**redondas**___ y ___**llenas**___.

Fernando Botero tenía un sueño: ir a ___**Italia**___, a ver a sus pintores ___**favoritos**___.

4. Recuerda y completa el párrafo utilizando las palabras de la derecha.

Al principio nadie creía que Fernando Botero fuera un buen

___**pintor**___. Hoy en día, todo el mundo lo aplaude.

Botero también es ___**escultor**___. Sus ___**esculturas**___

son tan únicas y hermosas como sus ___**pinturas**___.

pintor
pinturas
escultor
esculturas

24   © Santillana USA

172   **Silver Set / Answer Key**

ASSESSMENT 7

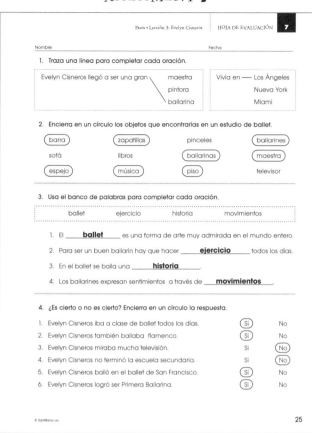

Nombre   Fecha

1. Traza una línea para completar cada oración.

Evelyn Cisneros llegó a ser una gran	maestra	Vivía en —— Los Ángeles
	pintora	Nueva York
	bailarina	Miami

2. Encierra en un círculo los objetos que encontrarías en un estudio de ballet.

(barra)   (zapatillas)   pinceles   (bailarines)

sofá   libros   (bailarinas)   (maestra)

(espejo)   (música)   (piso)   televisor

3. Usa el banco de palabras para completar cada oración.

ballet	ejercicio	historia	movimientos

1. El **ballet** es una forma de arte muy admirada en el mundo entero.
2. Para ser un buen bailarín hay que hacer **ejercicio** todos los días.
3. En el ballet se baila una **historia**.
4. Los bailarines expresan sentimientos a través de **movimientos**.

4. ¿Es cierto o no es cierto? Encierra en un círculo la respuesta.

1. Evelyn Cisneros iba a clase de ballet todos los días.   (Sí)   No
2. Evelyn Cisneros también bailaba flamenco.   (Sí)   No
3. Evelyn Cisneros miraba mucha televisión.   Sí   (No)
4. Evelyn Cisneros no terminó la escuela secundaria.   Sí   (No)
5. Evelyn Cisneros bailó en el ballet de San Francisco.   (Sí)   No
6. Evelyn Cisneros logró ser Primera Bailarina.   (Sí)   No

© Santillana USA   25

ACTIVITY 18

Nombre   Fecha

¿Qué encuentras allí?

Escribe cada palabra bajo el nombre del lugar donde se encuentra.

playa	desierto	selva	montaña
tortugas	**cactus**	**jaguar**	**cóndor**
palmas	**lagartijas**	**ceiba**	**volcanes**
mar	**saguaro**	**quetzal**	**eucaliptos**

tortugas   cactus   palmas   saguaro   quetzal   agartijas
jaguar   cóndor   ceiba   volcanes   eucaliptos   mar

¿Qué quiere decir?

¿Cómo dirías lo mismo con un lenguaje *no poético*? Traza una línea hasta la frase de tu elección. Cada palabra subrayada te dará un buena pista...

Se estiran al cielo los eucaliptos. —— El viento los mueve.
Los flamencos tiñen el cielo de rosado. —— Son muy altos.
Se crían nubes de mosquitos. —— Se ven volando en el cielo.
La brisa mece los cocoteros. —— Tienen muchos colores.
Los tucanes parecen flores. —— Está en medio de las plantas.
En este mundo verde se esconde la boa. —— Son muchos y vuelan juntos.

Ahora, ilustra tres de tus descripciones favoritas.

Drawings may vary.

26   © Santillana USA

ACTIVITY 19

Name   Date

Where am I?

desert	village	forest	beach	city	mountains

Where am I?
I am at the _____.   forest   (beach)

Where am I?
I am in the _____.   (mountains)   city

Where am I?
I am in the _____.   desert   (forest)

Where am I?
I am in the _____.   beach   (desert)

Where am I?
I am in the _____.   (city)   mountains

Where am I?
I am in my _____.   city   (village)

© Santillana USA   27

ASSESSMENT 8

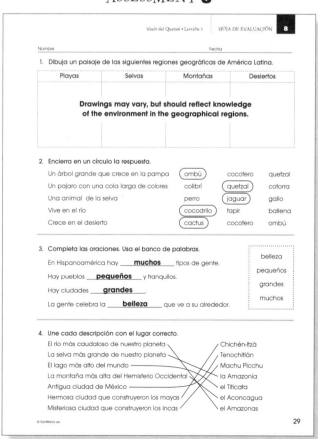

Nombre   Fecha

1. Dibuja un paisaje de las siguientes regiones geográficas de América Latina.

Playas	Selvas	Montañas	Desiertos

Drawings may vary, but should reflect knowledge of the environment in the geographical regions.

2. Encierra en un círculo la respuesta.

Un árbol grande que crece en la pampa   (ombú)   cocotero   quetzal
Un pajaro con una cola larga de colores   colibrí   (quetzal)   cotorra
Una animal de la selva   perro   (jaguar)   gallo
Vive en el río   (cocodrilo)   tapir   ballena
Crece en el desierto   (cactus)   cocotero   ombú

3. Completa las oraciones. Usa el banco de palabras.

En Hispanoamérica hay **muchos** tipos de gente.
Hay pueblos **pequeños** y tranquilos.
Hay ciudades **grandes**.
La gente celebra la **belleza** que ve a su alrededor.

belleza
pequeños
grandes
muchos

4. Une cada descripción con el lugar correcto.

El río más caudaloso de nuestro planeta —— Chichén-Itzá
La selva más grande de nuestro planeta —— Tenochtitlán
El lago más alto del mundo —— Machu Picchu
La montaña más alta del Hemisferio Occidental —— la Amazonia
Antigua ciudad de México —— el Titicata
Hermosa ciudad que construyeron los mayas —— el Aconcagua
Misteriosa ciudad que construyeron los incas —— el Amazonas

© Santillana USA   29

ACTIVITY 21

Nombre _____ Fecha _____

¿Quién soy?

▪ Adivina quién es el personaje. Luego, da pistas parecidas sobre ti.

Caperucita Roja	Yo
Vivo con mi mama.	
Quiero mucho a mi abuelita.	**Answers may vary.**
Me gusta el color rojo.	
Tengo 7 años.	
Siembro flores con mi abuelita.	

¿Quiénes somos?

▪ Adivina quiénes son los personajes. Luego, da pistas parecidas sobre tú y tus amigos.

Los siete cabritos	Mis amigos y yo
Somos siete hermanitos.	
Somos 4 niñas y 3 niños.	**Answers may vary.**
Vivimos en el bosque.	
Somos muy obedientes.	
Nos gusta jugar.	

¡Somos nosotros!

▪ Dibújate acompañado de tus amigos. Completa la oración de abajo.

Drawings and sentences may vary.

Nos llamamos _____.

30   © Santillana USA

ACTIVITY 22

Name _____ Date _____

My Favorite Animals

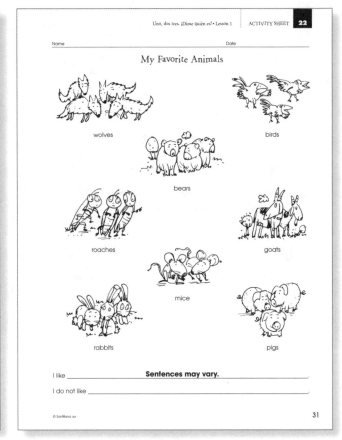

wolves   birds

bears

roaches   goats

mice

rabbits   pigs

I like _____ **Sentences may vary.** _____

I do not like _____

© Santillana USA   31

ASSESSMENT 9

Nombre _____ Fecha _____

¡Cuidado con el Lobo Feroz!

El lobo siempre anda escondido en el bosque. Haz un cartel que ayude a todos a reconocer al lobo. Da consejos a los personajes de los cuentos más abajo.

1. Dibuja al lobo.

Drawings and answers may vary but should demonstrate comprehension of the plot of the story.

2. ¿Cómo es el lobo?
   _____
   _____

3. ¿Qué hace el lobo?
   _____
   _____

4. ¿Qué crees que deben hacer los personajes para estar fuera de peligro?
   _____
   _____

5. ¿Qué harías tú para atrapar al lobo?
   _____
   _____

© Santillana USA   33

ACTIVITY 24

Nombre _____ Fecha _____

¡A ponernos en orden!

▪ Escribe los números cardinales. Luego, aparea los números cardinales con los números ordinales usando líneas.

dos   cuatro   tres   uno   seis   nueve   ocho   siete   diez   cinco

	cardinales	ordinales			cardinales	ordinales
1	**uno**	cuarto		6	**seis**	séptimo
2	**dos**	quinto		7	**siete**	octavo
3	**tres**	segundo		8	**ocho**	sexto
4	**cuatro**	primero		9	**nueve**	noveno
5	**cinco**	tercero		10	**diez**	décimo

¿Donde encontrarías esto?

sofá   lavadora   sillón   televisor   microondas
plancha   lavaplatos   secadora   refrigerador

En la cocina	En la lavandería	En la sala
lavaplatos	**plancha**	**sofá**
microondas	**lavadora**	**sillón**
refrigerador	**secadora**	**televisor**

¿Quién trabaja aquí?

Lugar donde trabaja	Lo que hace	¿Quién es?
panadería	hornea pan	**panadero**
zapatería	arregla zapatos	**zapatero**
oficina y obras	dibuja planos	**arquitecto**
hospital	cura enfermos	**médico**

zapatero   médico   arquitecto   panadero

34   © Santillana USA

ACTIVITY 25

Name _____ Date _____

Around the House

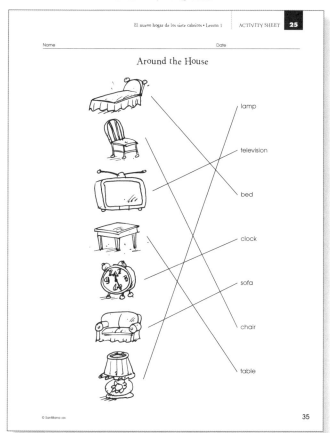

- lamp
- television
- bed
- clock
- sofa
- chair
- table

© Santillana USA

35

ASSESSMENT 10

Nombre _____ Fecha _____

1. ¿Quién necesitaba una casa nueva?

   los Tres Cerditos   (la Señora Cabra)   el Lobo

2. Pon en orden usando números para indicar los pasos en el cuento:
   Al principio del cuento #1, en el medio del cuento #2, y al final del cuento # 3.

   La Señora Cabra compró muebles _____ **2**

   El arquitecto dibujó los planos _____ **1**

   La Señora Cabra llevó a sus cabritos a comer _____ **3**

3. ¿Cómo se llaman las cosas que la Señora Cabra compró?

1. Se usa para lavar la ropa	radio	televisor	(lavadora)
2. Se usa para descansar o dormir	mesa	(cama)	plancha
3. Se usa para saber qué hora es	mesa	silla	(reloj)
4. Se usa para poner libros	grabadora	cámara	(librero)

4. ¿Qué hacen estos trabajadores?

1. Un arquitecto prepara	comida	(planos)	muebles
2. Un bombero apaga	velas	luces	(incendios)
3. Un zapatero arregla	(zapatos)	flores	sillas
4. Un panadero hornea	papas	(pan)	carne

5. ¿Qué objeto no pertenece al grupo?

1. televisor	radio	grabadora	(librero)
2. lavadora	(sofá)	plancha	secadora
3. sofá	sillón	lámpara	(lavaplatos)
4. cama	mesita	lámpara	(cocina)

© Santillana USA

37

ACTIVITY 27

Nombre _____ Fecha _____

¿Quiénes son tus amigos?

Nombre	Apellido	Teléfono
	Answers may vary.	

¿Dónde encontrarías…?

pan lechuga tomates tortas uvas maíz mangos naranjas tortillas

Panadería	Frutas	Verduras
pan	**uvas**	**lechuga**
tortas	**mangos**	**tomates**
tortillas	**naranjas**	**maíz**

¿Cuál no pertenece?

* Encierra en un círculo la palabra que no pertenece a cada grupo.

tenedor	torta	mamá	gato
plato	(lámpara)	papá	perro
vasos	velitas	(carro)	(tomate)
cuchara	globos	abuela	rana
(gato)	mantel	abuelo	conejo

38

ACTIVITY 28

Name _____ Date _____

Let's Go to the Supermarket!

two oranges

Drawings should demonstrate comprehension of the vocabulary.

five carrots

three bananas

one pineapple

eight cherries

five apples

Answers may vary.

We buy _____ , _____ , and _____ at the supermarket.

© Santillana USA

39

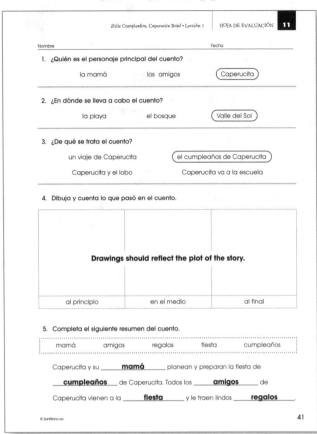

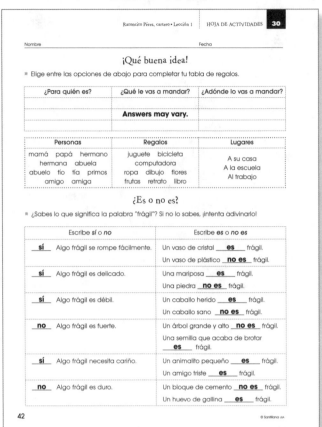

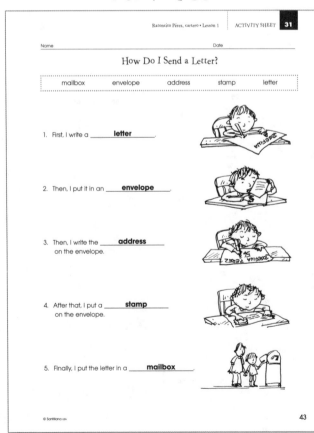

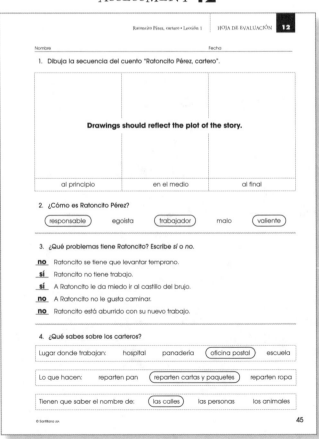

Silver Set / Answer Key

ACTIVITY 33

Nombre _____   Fecha _____

¿Qué hacemos juntos?

■ Añade *-mos* al final de cada palabra. Ilustra lo que haces con tus compañeros.

	Drawings may vary.	

escribi**mos**   juga**mos**   trabaja**mos**   pinta**mos**

habla**mos**   baila**mos**   canta**mos**   lee**mos**

¿Qué palabra usas?

■ Aparea las palabras que se relacionan.

Un libro de canciones ——— poemario
Un libro de poemas ——— cancionero
Lenguas que hablamos ——— canción
Un país del mundo ——— el español y el inglés
Palabras con música ——— Estados Unidos

¡Eres un poeta!

Escribo poemas

sobre _____ y sobre _____ .

Escribo con amor   **Poems may vary.**

para _____ y para _____

y también para _____ .

46   © Santillana USA

ACTIVITY 34

Nombre _____   Fecha _____

¿En qué se parecen?

■ Elige las dos palabras que se parecen de acuerdo con la descripción.

Son dos cosas redondas   (pelota)   (sol)   silla
Son dos cosas brillantes   (estrella)   leche   (diamante)
Son dos cosas sabrosas   (chocolate)   zapato   (pan)
Son dos cosas suaves   (almohada)   piedra   (algodón)
Son dos cosas olorosas   (flores)   (perfume)   lápiz

¿Qué usamos para observar el mundo?

Con los ojos puedo **ver** .   Con las manos puedo **tocar** .
Con los oídos puedo **oír** .   Con la mente puedo **pensar** .
Con la nariz puedo **oler** .   Con el corazón puedo **sentir** .
Con la boca puedo **saborear** .

tocar   pensar   ver   saborear   oír   sentir   oler

■ ¿Qué sentido te ayuda a "observar" cada una de estas cosas?

Para tocar la arena fina y caliente   **mano**
Para oler el perfume de una rosa   **nariz**
Para saborear el mar salado   **boca**
Para sentir el amor hacia mi familia y amigos   **corazón**
Para escuchar una linda canción   **oídos**
Para mirar las nubes en el cielo   **ojos**
Para pensar cómo hacer mi tarea   **mente**

ojos   nariz   boca   manos   corazón   mente   oídos

© Santillana USA   47

ACTIVITY 35

Nombre _____   Fecha _____

¿Qué le vas a poner?

■ Dibuja un muñeco o una muñeca.
Escribe las palabras que indican la ropa que le vas a poner.

Drawings may vary.	**Words should** **match drawings.**

camisa   pantalón   zapatos   botas   falda   gorra   lazo   medias
abrigo   sandalias   suéter   camiseta   bufanda   guantes

¿Cuáles riman?

■ Encierra en un círculo las palabras que riman con la primera.

Pimpón   (jabón)   (cartón)   plato
doctor   vaso   (tenedor)   (dolor)
juguetón   (ratón)   (cartón)   lava
caracol   (sol)   mar   (girasol)

¿Sabes contar de dos en dos?

■ Cuenta de dos en dos hasta veinte. Escribe la palabra y el número.
Haz puntos para indicar cada cantidad.

Cantidad	:	::	:::	::::	:::::
Número	2	**4**	**6**	**8**	**10**
Palabra	dos	**cuatro**	**seis**	**ocho**	**diez**

Cantidad	::::::	:::::::	::::::::	:::::::::	::::::::::
Número	**12**	**14**	**16**	**18**	20
Palabra	**doce**	**catorce**	**dieciséis**	**dieciocho**	veinte

48   © Santillana USA

ACTIVITY 36

Name _____   Date _____

Beautiful Words

love   **Drawings may vary.**
friendship
kindness
generosity
courage

© Santillana USA   49

ACTIVITY 37

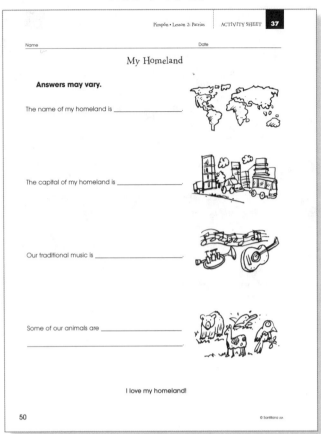

Name _____   Date _____

My Homeland

Answers may vary.

The name of my homeland is _____.

The capital of my homeland is _____.

Our traditional music is _____.

Some of our animals are _____
_____.

I love my homeland!

50

© Santillana USA

ACTIVITY 38

Name _____   Date _____

If You're Happy...

If you're happy and you know it
Clap your hands.
If you're happy and you know it
Clap your hands.
If you're happy and you know it
Then your face will surely show it
If you're happy and you know it
Clap your hands.

If you're happy and you know it
Stomp your feet.
If you're happy and you know it
Stomp your feet.
If you're happy and you know it
Then your face will surely show it
If you're happy and you know it
Stomp your feet.

If you're happy and you know it
Shout "Hurray!"
If you're happy and you know it
Shout "Hurray!"
If you're happy and you know it
Then your face will surely show it
If you're happy and you know it
Shout "Hurray!"

If you're happy and you know it
Do all three.
If you're happy and you know it
Do all three.
If you're happy and you know it
Then your face will surely show it
If you're happy and you know it
Do all three.

© Santillana USA

51

ASSESSMENT 13

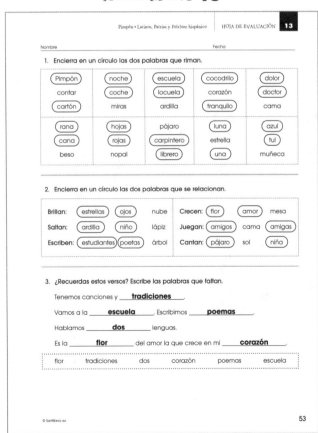

Nombre _____   Fecha _____

1. Encierra en un círculo las dos palabras que riman.

(Pimpón)	noche	(escuela)	cocodrilo	(dolor)
contar	(coche)	(locuela)	corazón	(doctor)
(cartón)	miras	ardilla	(tranquilo)	cama

(rana)	(hojas)	pájaro	(luna)	azul
(cana)	(rojas)	(carpintero)	estrella	(tul)
beso	nopal	(librero)	(una)	muñeca

2. Encierra en un círculo las dos palabras que se relacionan.

Brillan: (estrellas) (ojos) nube   Crecen: (flor) (amor) mesa
Saltan: (ardilla) (niño) lápiz   Juegan: (amigos) cama (amigas)
Escriben: (estudiantes) (poetas) árbol   Cantan: (pájaro) sol (niña)

3. ¿Recuerdas estos versos? Escribe las palabras que faltan.

Tenemos canciones y **tradiciones**

Vamos a la **escuela**. Escribimos **poemas**.

Hablamos **dos** lenguas.

Es la **flor** del amor la que crece en mi **corazón**.

flor	tradiciones	dos	corazón	poemas	escuela

© Santillana USA

53

ACTIVITY 40

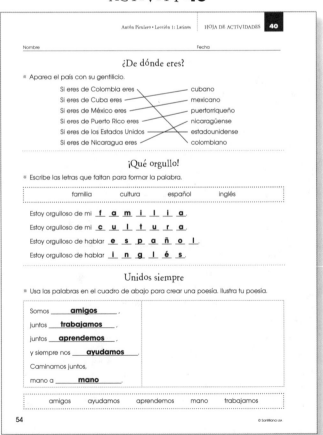

Nombre _____   Fecha _____

¿De dónde eres?

▪ Aparea el país con su gentilicio.

Si eres de Colombia eres   cubano
Si eres de Cuba eres   mexicano
Si eres de México eres   puertorriqueño
Si eres de Puerto Rico eres   nicaragüense
Si eres de los Estados Unidos   estadounidense
Si eres de Nicaragua eres   colombiano

¡Qué orgullo!

▪ Escribe las letras que faltan para formar la palabra.

familia	cultura	español	inglés

Estoy orgulloso de mi **f a m i l i a**.

Estoy orgulloso de mi **c u l t u r a**.

Estoy orgulloso de hablar **e s p a ñ o l**.

Estoy orgulloso de hablar **i n g l é s**.

Unidos siempre

▪ Usa las palabras en el cuadro de abajo para crear una poesía. Ilustra tu poesía.

Somos **amigos**,
juntos **trabajamos**,
juntos **aprendemos**,
y siempre nos **ayudamos**.
Caminamos juntos,
mano a **mano**.

amigos	ayudamos	aprendemos	mano	trabajamos

54

© Santillana USA

ACTIVITY 41

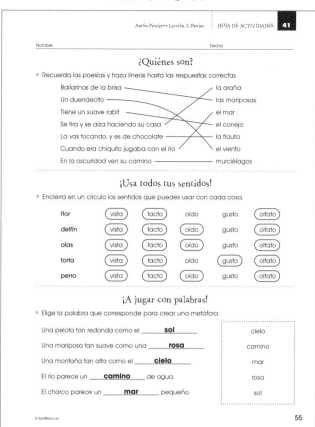

Nombre _____   Fecha _____

¿Quiénes son?

■ Recuerda las poesías y traza líneas hasta las respuestas correctas.

Bailarinas de la brisa —— la araña
Un duendecito —— las mariposas
Tiene un suave rabit —— el mar
Se tira y se alza haciendo su casa —— el conejo
La vas tocando, y es de chocolate —— la flauta
Cuando era chiquito jugaba con el río —— el viento
En la oscuridad ven su camino —— murciélagos

¡Usa todos tus sentidos!

■ Encierra en un círculo los sentidos que puedes usar con cada cosa.

flor	(vista)	(tacto)	oído	gusto	(olfato)
delfín	(vista)	(tacto)	(oído)	gusto	(olfato)
olas	(vista)	(tacto)	(oído)	gusto	(olfato)
torta	(vista)	(tacto)	oído	(gusto)	(olfato)
perro	(vista)	(tacto)	(oído)	gusto	(olfato)

¡A jugar con palabras!

■ Elige la palabra que corresponde para crear una metáfora.

Una pelota tan redonda como el __sol__

Una mariposa tan suave como una __rosa__

Una montaña tan alta como el __cielo__

El río parece un __camino__ de agua.

El charco parece un __mar__ pequeño.

cielo
camino
mar
rosa
sol

55

ACTIVITY 42

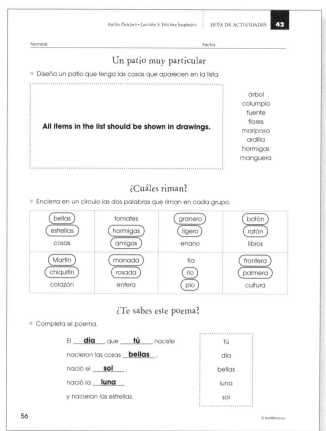

Nombre _____   Fecha _____

Un patio muy particular

■ Diseña un patio que tenga las cosas que aparecen en la lista.

All items in the list should be shown in drawings.

árbol
columpio
fuente
flores
mariposa
ardilla
hormigas
manguera

¿Cuáles riman?

■ Encierra en un círculo las dos palabras que riman en cada grupo.

(bellas)	tomates	(granero)	botón
(estrellas)	(hormigas)	(ligero)	(ratón)
cosas	(amigas)	enano	libros
(Martín)	(manada)	tía	(frontera)
(chiquitín)	(rosada)	(río)	(palmera)
corazón	entera	(pío)	cultura

¿Te sabes este poema?

■ Completa el poema.

El __día__ que __tú__ naciste
nacieron las cosas __bellas__ ,
nació el __sol__ ,
nació la __luna__
y nacieron las estrellas.

tú
día
bellas
luna
sol

56

ACTIVITY 43

Name _____   Date _____

Countries and Nationalities

México	Cuba	Puerto Rico	Perú
mexicano	cubano	puertorriqueño	peruano
mexicana	cubana	puertorriqueña	peruana
Argentina	República Dominicana	Ecuador	Estados Unidos
argentino	dominicano	ecuatoriano	estadounidense
argentina	dominicana	ecuatoriana	
Italia	España	Francia	China
italiano	español	francés	chino
italiana	española	francesa	china
Mexico	Cuba	Puerto Rico	Peru
Mexican	Cuban	Puerto Rican	Peruvian
Argentina	Dominican Republic	Ecuador	United States
Argentine	Dominican	Ecuadorian	American
Italy	Spain	France	China
Italian	Spanish	French	Chinese

57

ACTIVITY 44

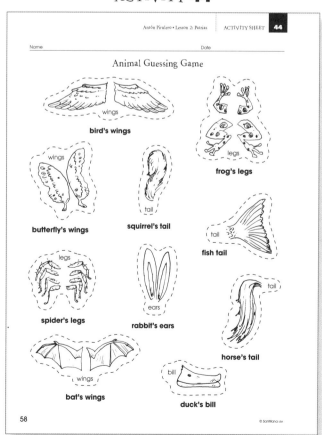

Name _____   Date _____

Animal Guessing Game

wings — **bird's wings**
legs — **frog's legs**
wings — **butterfly's wings**
tail — **squirrel's tail**
tail — **fish tail**
legs — **spider's legs**
ears — **rabbit's ears**
tail — **horse's tail**
wings — **bat's wings**
bill — **duck's bill**

58

Silver Set / Answer Key

ACTIVITY 45

Name _____ Date _____

The Itsy Bitsy Spider

The itsy bitsy spider
went up the waterspout.
Down came the rain
and washed the spider out.
Out came the sun
and dried up all the rain.
And the itsy bitsy spider
crawled up the spout again.

© Santillana USA   59

ASSESSMENT 14

Nombre _____ Fecha _____

1. Aparea los nombres de los países con sus gentilicios.

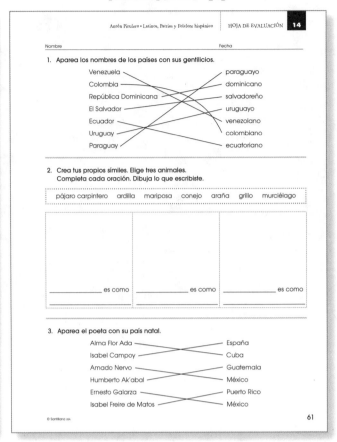

Venezuela   paraguayo
Colombia   dominicano
República Dominicana   salvadoreño
El Salvador   uruguayo
Ecuador   venezolano
Uruguay   colombiano
Paraguay   ecuatoriano

2. Crea tus propios símiles. Elige tres animales.
   Completa cada oración. Dibuja lo que escribiste.

| pájaro carpintero ardilla mariposa conejo araña grillo murciélago |

_____ es como	_____ es como	_____ es como

3. Aparea el poeta con su país natal.

Alma Flor Ada   España
Isabel Campoy   Cuba
Amado Nervo   Guatemala
Humberto Ak'abal   México
Ernesto Galarza   Puerto Rico
Isabel Freire de Matos México

© Santillana USA   61

ACTIVITY 47

Nombre _____ Fecha _____

¿Qué encuentras en el teatro?

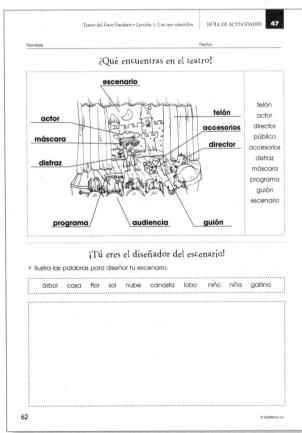

escenario
actor
máscara
disfraz
telón
accesorios
director
programa   audiencia   guión

telón
actor
director
público
accesorios
disfraz
máscara
programa
guión
escenario

¡Tú eres el diseñador del escenario!

- Ilustra las palabras para diseñar tu escenario.

| árbol casa flor sol nube canasta lobo niño niña gallina |

62   © Santillana USA

ACTIVITY 48

Nombre _____ Fecha _____

Usa palabras y palabritas

- Aparea la descripción con la palabra que le corresponde.

un borrego pequeño   gatito
una borrega pequeña   borreguita
un perro pequeño   hijito
una perra pequeña   perrita
un hijo pequeño   gatita
una hija pequeña   borreguito
un gato pequeño   perrito
una gata pequeña   hijita

¿Cómo son estos personajes?

- Piensa en cada uno de estos personajes. Encierra en un círculo las palabras que mejor lo definen. Usa un color para cada uno. Luego ilústralo.

Accesorios para definir la apariencia física:

| delantal plumas pico patas alas hocico sombrero parasol rama |

Adjetivos para definir el carácter:

| buena poderosa confundido comprensiva malo poderoso loco aprovechado |

Mamá Borrega	Pies Blancos	Buitre Grande
Drawings should reflect the characters' traits.		
sombrero	plumas	rama
parasol	hocico	alas
hocico	4 patas	plumas
4 patas	confundido	pico
comprensiva	poderoso	2 patas
buena	loco	malo
poderosa		aprovechado

© Santillana USA   63

Silver Set / Answer Key

ACTIVITY 49

Nombre ____________ Fecha ____________

¿Quién? ¿En dónde? ¿Con qué?

- Haz una lista de los personajes y accesorios que aparecen en cada acto.

Personajes

Rey Reina Zorro Cachorro Gallina Picotina
Ganso Garbanzo Pedro Pollito Narrador

Accesorios

banderas coronas frutas carreta troncos flores sol
canasta carreta limón montañas nubes árboles palacio

Secuencia de Actos	¿Qué personajes aparecen en este acto?	¿Qué accesorios se usan en este acto?
Acto 1 Pedro Pollito sale a pasear por el campo. Le cae un limón en la cabeza.	**Pedro Pollito** **Narrador**	**sol** **limón** **árboles** **frutas**
Acto 2 Pedro Pollito se encuentra con Ganso Garbanzo.	**Pedro Pollito** **Narrador** **Ganso Garbanzo**	**sol** **limón** **nubes**
Acto 3 Pedro Pollito y Ganso Garbanzo se encuentran con Gallina Picotina.	**Pedro Pollito** **Narrador** **Ganso Garbanzo** **Gallina Picotina** **Zorro Cachorro**	**sol** **nubes** **limón** **carreta** **montañas** **árboles** **frutas** **flores** **canasta**
Acto 4 Pedro Pollito, Ganso Garbanzo y Gallina Picotina se encuentran con Zorro Cachorro.	**Pedro Pollito** **Narrador** **Ganso Garbanzo** **Gallina Picotina** **Zorro Cachorro**	**limón** **sol** **nubes** **árboles** **montañas** **frutas** **flores**
Acto 5 Pedro Pollito, Ganso Garbanzo y Gallina Picotina llegan al palacio real.	**Narrador** **Rey Reina** **Pedro Pollito** **Gallina Picotina** **Ganso Garbanzo**	**sol** **nubes** **palacio** **banderas** **limón** **árboles** **montañas** **flores**

ACTIVITY 50

Name ____________ Date ____________

Stage Bingo

upstage right	upstage center	upstage left
right	center	left
downstage right	downstage center	downstage left

ACTIVITY 51

Name ____________ Date ____________

How Do They Feel?

mad surprised happy sad worried

I am **happy**.

I am **sad**.

I am **mad**.

I am **worried**.

I am **surprised**.

ACTIVITY 52

Name ____________ Date ____________

What Is It?

It is a **lemon**. (lemon) sun

It is a **queen**. king (queen)

It is a **boy**. girl (boy)

It is a **fox**. hen (fox)

It is a **goose**. (goose) chicken

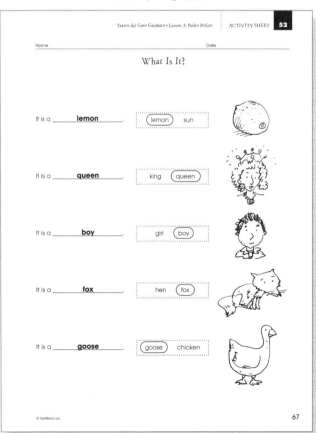

ASSESSMENT 15

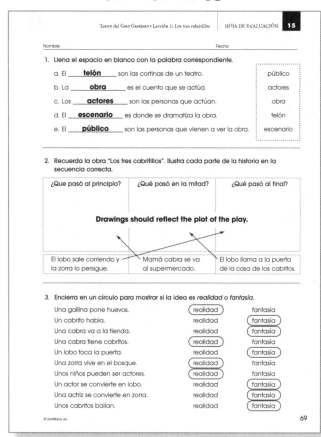

Teatro del Gato Garabato • Lección 1: Los tres cabritillos   HOJA DE EVALUACIÓN **15**

Nombre _____   Fecha _____

1. Llena el espacio en blanco con la palabra correspondiente.

   a. El **telón** son las cortinas de un teatro.
   b. La **obra** es el cuento que se actúa.
   c. Los **actores** son las personas que actúan.
   d. El **escenario** es donde se dramatiza la obra.
   e. El **público** son las personas que vienen a ver la obra.

   | público |
   | actores |
   | obra |
   | telón |
   | escenario |

2. Recuerda la obra "Los tres cabritillos". Ilustra cada parte de la historia en la secuencia correcta.

¿Que pasó al principio?	¿Qué pasó en la mitad?	¿Qué pasó al final?
	Drawings should reflect the plot of the play.	
El lobo sale corriendo y la zorra lo persigue.	Mamá cabra se va al supermercado.	El lobo llama a la puerta de la casa de los cabritos.

3. Encierra en un círculo para mostrar si la idea es *realidad* o *fantasía*.

   Una gallina pone huevos.   (realidad)   fantasía
   Un cabrito habla.   realidad   (fantasía)
   Una cabra va a la tienda.   realidad   (fantasía)
   Una cabra tiene cabritos.   (realidad)   fantasía
   Un lobo toca la puerta.   realidad   (fantasía)
   Una zorra vive en el bosque.   (realidad)   fantasía
   Unos niños pueden ser actores.   (realidad)   fantasía
   Un actor se convierte en lobo.   realidad   (fantasía)
   Una actriz se convierte en zorra.   realidad   (fantasía)
   Unos cabritos bailan.   realidad   (fantasía)

© Santillana USA   69

ASSESSMENT 16

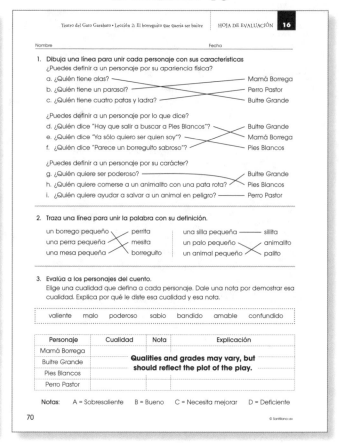

Teatro del Gato Garabato • Lección 2: El borreguito que quería ser buitre   HOJA DE EVALUACIÓN **16**

Nombre _____   Fecha _____

1. Dibuja una línea para unir cada personaje con sus características
   ¿Puedes definir a un personaje por su apariencia física?

   a. ¿Quién tiene alas? ——————— Mamá Borrega
   b. ¿Quién tiene un parasol? ——————— Perro Pastor
   c. ¿Quién tiene cuatro patas y ladra? ——————— Buitre Grande

   ¿Puedes definir a un personaje por lo que dice?

   d. ¿Quién dice "Hay que salir a buscar a Pies Blancos"? ——— Buitre Grande
   e. ¿Quién dice "Ya sólo quiero ser quien soy"? ——— Mamá Borrega
   f. ¿Quién dice "Parece un borreguito sabroso"? ——— Pies Blancos

   ¿Puedes definir a un personaje por su carácter?

   g. ¿Quién quiere ser poderoso? ——— Buitre Grande
   h. ¿Quién quiere comerse a un animalito con una pata rota? ——— Pies Blancos
   i. ¿Quién quiere ayudar a salvar a un animal en peligro? ——— Perro Pastor

2. Traza una línea para unir la palabra con su definición.

   un borrego pequeño ——— perrita   una silla pequeña ——— sillita
   una perra pequeña ——— mesita   un palo pequeño ——— animalito
   una mesa pequeña ——— borreguito   un animal pequeño ——— palito

3. Evalúa a los personajes del cuento.
   Elige una cualidad que defina a cada personaje. Dale una nota por demostrar esa cualidad. Explica por qué le diste esa cualidad y esa nota.

   | valiente | malo | poderoso | sabio | bandido | amable | confundido |

Personaje	Cualidad	Nota	Explicación
Mamá Borrega			
Buitre Grande	**Qualities and grades may vary, but**		
Pies Blancos	**should reflect the plot of the play.**		
Perro Pastor			

Notas: A = Sobresaliente   B = Bueno   C = Necesita mejorar   D = Deficiente

70   © Santillana USA

ASSESSMENT 17

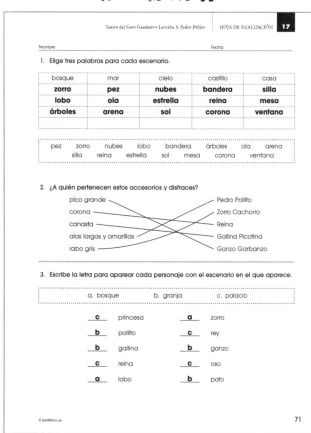

Teatro del Gato Garabato • Lección 3: Pedro Pollito   HOJA DE EVALUACIÓN **17**

Nombre _____   Fecha _____

1. Elige tres palabras para cada escenario.

bosque	mar	cielo	castillo	casa
zorro	**pez**	**nubes**	**bandera**	**silla**
lobo	**ola**	**estrella**	**reina**	**mesa**
árboles	**arena**	**sol**	**corona**	**ventana**

   pez   zorro   nubes   lobo   bandera   árboles   ola   arena
   silla   reina   estrella   sol   mesa   corona   ventana

2. ¿A quién pertenecen estos accesorios y disfraces?

   pico grande ——— Pedro Pollito
   corona ——— Zorro Cachorro
   canasta ——— Reina
   alas largas y amarillas ——— Gallina Picotina
   rabo gris ——— Ganzo Garbanzo

3. Escribe la letra para aparear cada personaje con el escenario en el que aparece.

   | a. bosque | b. granja | c. palacio |

   c princesa   **a** zorro
   b pollito   **c** rey
   b gallina   **b** ganzo
   c reina   **c** oso
   a lobo   **b** pato

© Santillana USA   71

ACTIVITY 54

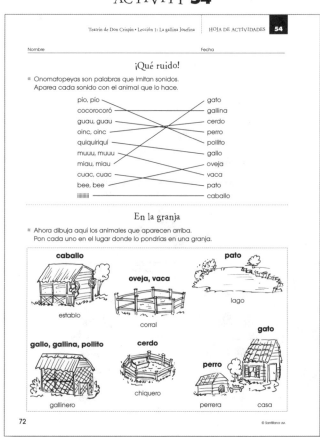

Teatrín de Don Crispín • Lección 1: La gallina Josefina   HOJA DE ACTIVIDADES **54**

Nombre _____   Fecha _____

¡Qué ruido!

▪ Onomatopeyas son palabras que imitan sonidos.
  Aparea cada sonido con el animal que lo hace.

   pío, pío ——— gato
   cocorocoró ——— gallina
   guau, guau ——— cerdo
   oinc, oinc ——— perro
   quiquiriquí ——— pollito
   muuu, muuu ——— gallo
   miau, miau ——— oveja
   cuac, cuac ——— vaca
   bee, bee ——— pato
   iiiiiiii ——————— caballo

En la granja

▪ Ahora dibuja aquí los animales que aparecen arriba.
  Pon cada uno en el lugar donde lo pondrías en una granja.

   caballo   **pato**
   oveja, vaca   lago
   establo
   corral
   gallo, gallina, pollito   **cerdo**   **gato**
                                  perro
   gallinero   chiquero   perrera   casa

72   © Santillana USA

---

182   **Silver Set / Answer Key**

ACTIVITY **55**

Nombre   Fecha

Cada cosa en su lugar

■ **Acto 1:** ¿Qué podrías encontrar en el cuarto de Sebastián? Dibuja la escena.

(reloj)	(cortinas)	**Drawings should reflect**
lavamanos	(cama)	**comprehension of the vocabulary.**
cepillo de dientes	silla	
(sábanas)	ardillas	

■ **Acto 2:** ¿Qué podrías encontrar en un tren? Dibuja la escena.

(niños)	señoras
(periódicos)	asientos
(señores)	árboles
nueces	lechugas

■ **Acto 3:** ¿Qué podrías encontrar en Villa Conejil? Dibuja la escena.

(casas)	lechugas
(tiendas)	coles
(gato)	(perro)
ríos	mar

■ **Acto 4:** ¿Qué podrías encontrar en el bosque? Dibuja la escena.

(árboles)	ardillas
(nueces)	flores
(montañas)	(nogales)
cepillo de dientes	cama

■ **Acto 5:** ¿Qué podrías encontrar en la fiesta de Serafina? Dibuja la escena.

(pastel)	amigos
(globos)	galletas
(mesa)	(zanahorias)
mar	arco iris

ACTIVITY **56**

Nombre   Fecha

¡Eres el director!

■ Convierte a estos animales en actores. Ponlos a hacer actividades que sólo hacen las personas. Completa las frases. Ilustra las situaciones.

Answers and drawings may vary.

Una rana _____

Una hormiga _____

Un león _____

Una cigarra _____

¡Crea tus personajes!

■ Convierte estas cosas en actores. Dibuja cada cosa con su ropa. Luego, dale un nombre a cada personaje.

lápiz	Mi personaje se llama: _____
pelota	Mi personaje se llama: _____
escoba	Mi personaje se llama: _____
libro	Mi personaje se llama: _____

ACTIVITY **57**

Name   Date

What Sounds Do They Make?

baa	quack, quack	cock-a-doodle-doo	oink
tweet-tweet	moo	gobble-gobble	meow	woof

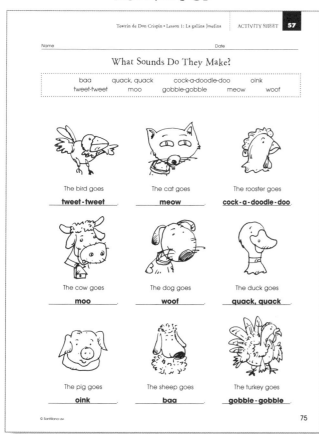

The bird goes
tweet-tweet

The cat goes
meow

The rooster goes
cock-a-doodle-doo.

The cow goes
moo

The dog goes
woof

The duck goes
quack, quack

The pig goes
oink

The sheep goes
baa

The turkey goes
gobble-gobble

ACTIVITY **58**

Name   Date

My Day

In the morning, I wake up and brush my teeth.

In the afternoon, I eat lunch with my friend.

In the evening, I eat dinner with my family.

At night, I go to sleep.

Silver Set / Answer Key

ACTIVITY 59

Name _____ Date _____

The Hokey-Pokey

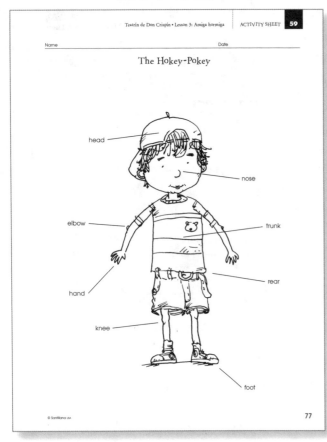

- head
- nose
- elbow
- trunk
- hand
- rear
- knee
- foot

ASSESSMENT 18

Nombre _____ Fecha _____

1. Une con una línea cada animal con el sonido que hace.

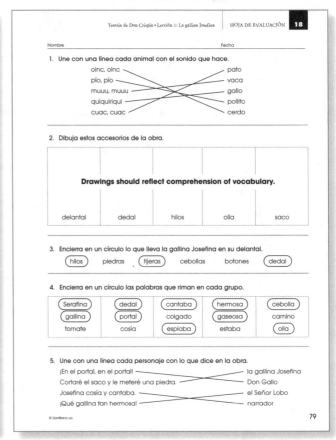

oinc, oinc	pato
pío, pío	vaca
muuu, muuu	gallo
quiquiriquí	pollito
cuac, cuac	cerdo

2. Dibuja estos accesorios de la obra.

Drawings should reflect comprehension of vocabulary.

| delantal | dedal | hilos | olla | saco |

3. Encierra en un círculo lo que lleva la gallina Josefina en su delantal.

(hilos)   piedras   (tijeras)   cebollas   botones   (dedal)

4. Encierra en un círculo las palabras que riman en cada grupo.

(Serafina)	(dedal)	(cantaba)	(hermosa)	cebolla
(gallina)	(portal)	colgado	(gaseosa)	camino
tomate	cosía	(espiaba)	estaba	(olla)

5. Une con una línea cada personaje con lo que dice en la obra.

¡En el portal, en el portal!	la gallina Josefina
Cortaré el saco y le meteré una piedra.	Don Gallo
Josefina cosía y cantaba.	el Señor Lobo
¡Qué gallina tan hermosa!	narrador

ASSESSMENT 19

Nombre _____ Fecha _____

1. Marca con una X lo que *no* le pertenece a cada escenario de la obra.

Bosque	Casa	Tren	Ciudad	Campo
árboles	ventana	asientos	edificios	montaña
cos̶í̶a̶	mesa	pas̶t̶e̶l̶	tiendas	árboles
ardillas	me̶s̶a̶	conductor	va̶c̶a̶	edi̶f̶i̶c̶ios

2. Traza una línea hacia la mejor respuesta.

El mejor regalo para Serafina	un cepillo de dientes
Algo en el baño de Sebastián	un monedero
Donde se guardan monedas	lechugas y coles
Lo que comen las ardillas	un cuento
Vegetales de la huerta	nueces

3. Usa los números del 1 al 6 para poner en orden lo que le pasa a Sebastián.

- **3**   Corrí al tren.
- **1**   Sonó el despertador.
- **6**   Llegué a casa de mi amiga Serafina.
- **2**   Me lavé los dientes.
- **4**   El perro y el gato no me dejaron entrar en la huerta.
- **5**   La ardilla no me dejó llevarme unas nueces.

4. Completa las oraciones con el nombre del personaje correspondiente.

- **Sebastián** está retrasado.
- **El perro** cuida la huerta de lechugas.
- **El gato** cuida la huerta de coles.
- A **Serafina** le gustan los cuentos.

| Serafina | El gato | Sebastián | El perro |

ASSESSMENT 20

Nombre _____ Fecha _____

1. Recuerda la obra "Amiga hormiga". Ilustra la historia en orden.

¿Qué pasó al principio?	¿Qué pasó en el medio?	¿Qué pasó al final?
	Drawings should reflect the plot of the play.	

2. ¿Quién dice esto? Encierra en un círculo la respuesta.

¡Cómo me encanta pasar el verano canta que canta!	hormiga	(cigarra)
Me gustaría sentarme a cantar pero tengo que trabajar.	(hormiga)	cigarra
No tengo nada que comer. ¿Qué voy a hacer?	hormiga	(cigarra)
¿Me podría dar algo de comer?	hormiga	(cigarra)
He extrañado su canto. Pase, pase usted	(hormiga)	cigarra

3. ¿Es cierto o no es cierto? Encierra en un círculo la respuesta.

La hormiga se pasaba los días cantando.	Sí	(No)
La cigarra se pasaba los días trabajando.	Sí	(No)
La hormiga vivía en un hormiguero.	(Sí)	No
Cuando llegó el invierno, la hormiga tenía comida.	(Sí)	No
Cuando llegó el invierno, la cigarra tenía hambre.	(Sí)	No
La hormiga era una buena amiga.	(Sí)	No
La cigarra trabajaba cantando.	Sí	(No)
La hormiga descansaba durante el invierno.	(Sí)	No

4. Ilustra un escenario con ambiente de:

primavera	verano	otoño	invierno
	Drawings should reflect comprehension of the concepts.		

ANSWER KEY

GOLD SET

Brocha y pincel • Lección 1: La mujer del granjero   HOJA DE EVALUACIÓN **1**

Nombre _____   Fecha _____

A. Elige la respuesta que complete la oración.

1. Joan Miró era un artista _____

    Venezolano   (Español)   Estadounidense

2. Lo inspiraba otro gran artista llamado _____

    Diego Rivera   (Pablo Picasso)   Frida Kahlo

B. Encierra en un círculo la respuesta.

1. Joan Miró aprendió el estilo cubista de Picasso. (Verdadero) Falso
2. Joan Miró no es un artista muy famoso. Verdadero (Falso)
3. Joan Miró también hizo esculturas y cerámica. (Verdadero) Falso

C. Completa la oración usando las palabras apropiadas.

"Nada es __c__ ni es __a__, todo es según el __d__ del __b__ con que se mira."

    a. mentira   b. cristal   c. verdad   d. color

D. Recuerda datos importantes acerca de esta obra de arte. Une con líneas.

1. Algo que lleva la mujer en el brazo   surrealista
2. Animales que aparecen en el cuadro   canasta
3. Algo que el artista pintó más grandes de lo que son en realidad   gato y conejo
4. Algo que usa el artista al pintar   los pies
5. Estilo de este artista   formas, líneas y colores

E. Dibuja y escribe 6 cosas que ves desde una de las ventanas de tu casa.

86   © Santillana USA

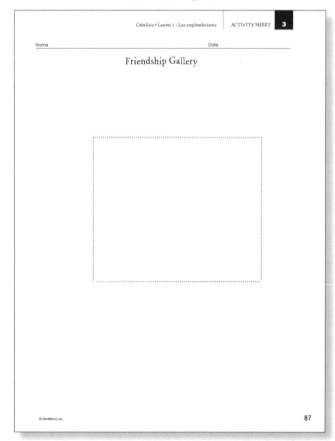

Caballete • Lección 1: Luz resplandeciente   HOJA DE EVALUACIÓN **2**

Nombre _____   Fecha _____

A. Elige la respuesta que complete la oración.

1. Maya Christina González nació en _____

    (California)   Florida   Texas

2. La artista vive en _____

    (San Francisco)   Miami   Houston

B. Completa el párrafo usando las palabras apropiadas.

Al pintarse a sí __3__, la artista quiso __4__ la luz que sale de su __6__.

Para lucir bien, adornó su pelo con __7__ y __8__. Éste es un cuadro __2__

lleno de __1__. La artista __5__ la obra *Luz resplandeciente*.

    1. color   2. expresionista   3. misma   4. mostrar
    5. tituló   6. corazón   7. lápices   8. pinceles

C. ¿Qué cuatro palabras usarías para describirte a ti mismo?

_____

_____

Answers may vary.

_____

D. Es muy valioso poder de definirse a sí mismo. ¿Quién y cómo eres tú?

Yo soy _____. También soy _____.

Yo puedo _____ y _____ bastante bien.

Estoy _____ de ser quien soy, porque yo soy _____

Answers may vary.

87   © Santillana USA   89

ACTIVITY 5

Name _____   Date _____

Color Wheel

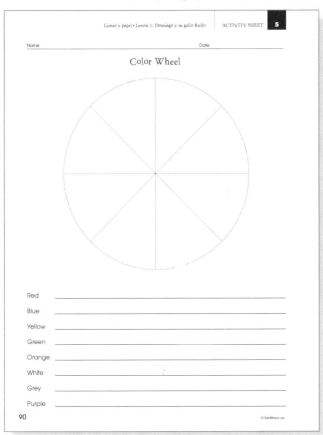

Red _____

Blue _____

Yellow _____

Green _____

Orange _____

White _____

Grey _____

Purple _____

90   © Santillana USA

ASSESSMENT 3

Nombre _____   Fecha _____

A. Elige la respuesta que complete la oración.

1. Emanuel Paniagua nació en _____.

       Puerto Rico   Perú   (Guatemala)

2. Lo inspira la cultura _____

       (maya-quiché)   moderna   europea

B. Usa el banco de palabras para completar la oración.

En la obra titulada *Domingo y su gallo Rulfo*, el __5__ Emanuel Paniagua usó pinturas de __3__. También usó __4__ de tela cosidos al __6__. Estas telas son muestras de la __7__ guatemalteca. Al incluir esas telas, el pintor pudo haber querido indicar que el __1__ del cuadro es de __2__, como él mismo.

> 1. personaje   2. Guatemala   3. óleo   4. pedazos
> 5. artista   6. lienzo   7. artesanía

C. Une con líneas cada imagen o idea con el sentimiento que connota.

1. Un fuerte abrazo — tristeza
2. Una lágrima — amor
3. Una gran fiesta — ternura
4. Un animal feroz — alegría
5. Una mamá y su bebé — miedo

D. Estas tres cosas me hacen feliz y no las tengo que comprar...

_____

Answers may vary.

_____

_____

92   © Santillana USA

ACTIVITY 7

Name _____   Date _____

☆ ☆ ☆ Interview ☆ ☆ ☆

Question: What is your name?

Answer: My name is _____ **Answers may vary.** _____

Question: How old are you?

Answer: I am _____

Question: Where were you born?

Answer: I was born in _____

Question: Where do you live now?

Answer: I live in _____

Question: What is your job?

Answer: I am a/an _____

Question: What is your favorite thing about your job?

Answer: My favorite thing is _____

Question: Who is your biggest supporter?

Answer: My biggest supporter is _____

Question: Would you like to add something else?

Answer: _____

Thank you for letting me interview you!

© Santillana USA   93

ACTIVITY 8

Name _____   Date _____

My Favorite Painting

Answers may vary.

Title: _____

Artist: _____

Colors: _____

What do you see in this painting? _____

_____

_____

What message does this painting send? _____

_____

_____

Why did you choose this painting? _____

_____

_____

94   © Santillana USA

Gold Set / Answer Key   187

Name _____   Date _____

I Am the Expert

Topic: _____

Topics, drawings and labels may vary.

© Santillana USA   95

Nombre _____   Fecha _____

A. Elige la respuesta que complete la oración.

1. Luis Valdez es un director de _____.

    escuelas   orquesta   (cine y teatro)

2. Luis Valdez nació en _____.

    Miami, Florida   Yuma, Arizona   (Delano, California)

B. Encierra en un círculo la respuesta.

1. Los padres de Luis Valdez eran actores en Hollywood.   Verdadero (Falso)
2. Luis Valdez ayudaba a sus padres a recoger las cosechas.   (Verdadero) Falso
3. A los 16 años, Luis recibió un contrato para un programa de televisión bilingüe.   (Verdadero) Falso
4. Al crear un personaje, Luis se imaginaba lo que decía y cómo se movía.   (Verdadero) Falso
5. Cuando era pequeño, Luis tomaba clases de baile y teatro.   Verdadero (Falso)
6. Luis estudiaba matemáticas y ciencias, y se ganó una beca para ir a la universidad.   (Verdadero) Falso
7. Un ventrílocuo habla con la boca cerrada.   (Verdadero) Falso
8. La familia Valdez siempre estuvo unida por su amor.   (Verdadero) Falso

C. Completa el párrafo usando las palabras apropiadas.

El trabajo de los campesinos migratorios consiste en __3__. Van de __2__ en __2__ buscando trabajo. Luis siempre aprovechaba la __4__ del cambio para __1__ cosas nuevas. La vida de Luis Valdez nos enseña a __5__ por lo que queremos conseguir.

> 1. aprender   2. campo   3. recoger cosechas   4. oportunidad   5. luchar

D. Recuerda datos importantes en la vida de Luis Valdez. Une con líneas.

1. Nombre de la organización que fundó — La Bamba
2. Universidad donde estudió — Teatro Campesino
3. Escribió el guión de esta película — el garaje de su abuelo
4. Comenzó su propio teatro en — San José

© Santillana USA   97

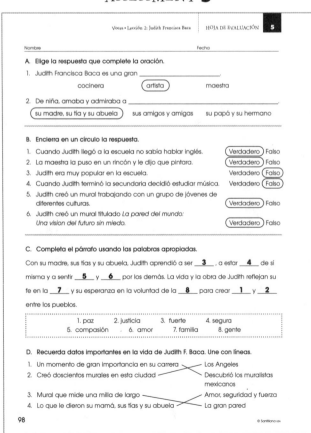

Nombre _____   Fecha _____

A. Elige la respuesta que complete la oración.

1. Judith Francisca Baca es una gran _____.

    cocinera   (artista)   maestra

2. De niña, amaba y admiraba a _____.

    (su madre, su tía y su abuela)   sus amigos y amigas   su papá y su hermano

B. Encierra en un círculo la respuesta.

1. Cuando Judith llegó a la escuela no sabía hablar inglés.   (Verdadero) Falso
2. La maestra la puso en un rincón y le dijo que pintara.   (Verdadero) Falso
3. Judith era muy popular en la escuela.   Verdadero (Falso)
4. Cuando Judith terminó la secundaria decidió estudiar música.   Verdadero (Falso)
5. Judith creó un mural trabajando con un grupo de jóvenes de diferentes culturas.   (Verdadero) Falso
6. Judith creó un mural titulado *La pared del mundo: Una visión del futuro sin miedo*.   (Verdadero) Falso

C. Completa el párrafo usando las palabras apropiadas.

Con su madre, sus tías y su abuela, Judith aprendió a ser __3__, a estar __4__ de sí misma y a sentir __5__ y __6__ por los demás. La vida y la obra de Judith reflejan su fe en la __7__ y su esperanza en la voluntad de la __8__ para crear __1__ y __2__ entre los pueblos.

> 1. paz   2. justicia   3. fuerte   4. segura
> 5. compasión   6. amor   7. familia   8. gente

D. Recuerda datos importantes en la vida de Judith F. Baca. Une con líneas.

1. Un momento de gran importancia en su carrera — Los Angeles
2. Creó doscientos murales en esta ciudad — Descubrió los muralistas mexicanos
3. Mural que mide una milla de largo — Amor, seguridad y fuerza
4. Lo que le dieron su mamá, sus tías y su abuela — La gran pared

98

Nombre _____   Fecha _____

A. Elige la respuesta que complete la oración.

1. Carlos J. Finlay fue un gran _____.

    presidente   pintor   (médico)

2. Nació en _____.

    Estados Unidos   (Cuba)   México

B. Encierra en un círculo la respuesta.

1. En época de calor, las charcas se pueblan de mosquitos.   (Verdadero) Falso
2. Carlos Juan Finlay se fue a estudiar a España.   Verdadero (Falso)
3. Cuando tenía trece años, Finlay se enfermó muy gravemente.   (Verdadero) Falso
4. Carlos Juan Finlay tenía un defecto al hablar.   (Verdadero) Falso
5. La fiebre amarilla no es contagiosa.   Verdadero (Falso)
6. Los médicos no le hicieron caso a Finlay.   (Verdadero) Falso
7. Finlay descubrió que los mosquitos transmitían la fiebre amarilla.   (Verdadero) Falso

C. Completa el párrafo usando las palabras apropiadas.

Cuando el Dr. Finlay compartió sus ideas sobre la fiebre amarilla con otros médicos, todos se __3__. Después de muchos __4__, todos se dieron cuenta de que el Dr. Finlay tenía razón. Gracias a Carlos Juan Finlay, se combatió a los __2__ que __1__ la fiebre amarilla. Pero sólo hasta cuarenta años después de su __6__, se reconoció su __5__ a la investigación médica.

> 1. transmitían   3. burlaron   5. contribución
> 2. mosquitos   4. años   6. muerte

D. Recuerda datos importantes en la vida de Carlos Juan Finlay. Une con líneas.

1. Expresión preferida de Finlay cuando era niño — la fiebre amarilla
2. Carlos Juan quería conocer los misterios de... — la suciedad
3. Lo que algunos creían era la causa de la fiebre amarilla — ¿Por qué?
4. Finlay estudió durante treinta años... — la naturaleza

© Santillana USA   99

ACTIVITY 11

Name _____ Date _____

Can They or Can't They?

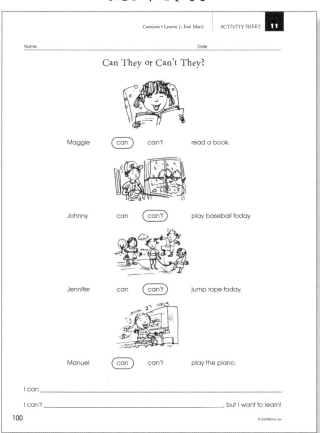

Maggie   (can)   can't   read a book.

Johnny   can   (can't)   play baseball today.

Jennifer   can   (can't)   jump rope today.

Manuel   (can)   can't   play the piano.

I can _____ .

I can't _____ , but I want to learn!

100   © Santillana USA

ACTIVITY 12

Name _____ Date _____

Become a Frido!

Answers may vary.

Name of Painting: _____

Why did you choose this painting?
_____
_____

Description: What do you see in this painting?
_____
_____

Meaning: What do you think those things mean?
_____
_____

Message: What is Frida trying to tell us with this painting?
_____
_____

Feelings it Conveys: How do you feel when you see it?
_____
_____

© Santillana USA   101

ACTIVITY 13

Name _____ Date _____

Ways to Help

The Problem: _____

Possible Solutions: _____

102   © Santillana USA

ASSESSMENT 7

Nombre _____ Fecha _____

A. Elige la respuesta que complete la oración.

1. José Martí fue un gran _____ .
   (patriota)   artista   director de cine

2. Nació en _____ .
   Colombia   (Cuba)   México

B. Encierra en un círculo la respuesta.

1. Cuba fue una colonia de Francia.   Verdadero (Falso)
2. Los patriotas querían que Cuba tuviera su propio gobierno.   (Verdadero) Falso
3. José Martí amaba a Cuba y amaba la libertad.   (Verdadero) Falso
4. A José Martí lo encarcelaron por haber escrito una carta.   (Verdadero) Falso
5. Cortar piedras en las canteras de cal es un trabajo muy fácil.   Verdadero (Falso)
6. Martí descubrió la belleza de la tierra española.   (Verdadero) Falso
7. Martí comprendía que en todos los lugares hay personas buenas.   (Verdadero) Falso

C. Completa el párrafo usando las palabras apropiadas.

José Martí dedicó su vida a __8__ por la libertad, contra la __7__, contra los poderosos que hacen daño a los __1__, y a favor de la __6__. Martí __2__ todo el tiempo. Quería que las personas aprendieran a ver las cosas sencillas y __5__ de la vida. Quería ayudarles a tener buenos __3__ y a __4__ mutuamente.

1. pobres	3. pensamientos	5. hermosas	7. tiranía
2. escribía	4. ayudarse	6. justicia	8. luchar

D. Recuerda datos importantes en la vida de José Martí. Une con líneas.

1. Una revista para los niños y niñas de las Américas — La Guantanamera
2. Unos versos de Martí se cantan con esta música — Fermín Valdés
3. Buen compañero de escuela de José Martí — La Edad de Oro
4. El gran patriota dominicano que luchó junto a Martí — Máximo Gómez

104   © Santillana USA

ASSESSMENT 8

Caminos • Lección 2: Frida Kahlo   HOJA DE EVALUACIÓN **8**

Nombre _____ Fecha _____

A. Elige la respuesta que complete la oración.

1. Frida Kahlo fue una gran _____.

    bailarina   (pintora)   escritora

2. Nació en _____.

    San Francisco   Venezuela   (México)

B. Encierra en un círculo la respuesta.

1. El papá de Frida era fotógrafo. (Verdadero) Falso
2. Frida acompañaba a su papá y lo ayudaba. (Verdadero) Falso
3. Frida nunca terminó sus estudios. (Verdadero) Falso
4. Diego Rivera era un famoso escritor. Verdadero (Falso)
5. Frida Kahlo y Diego Rivera nunca se casaron. Verdadero (Falso)
6. Frida le llevaba comida a Diego al trabajo en una cesta. (Verdadero) Falso

C. Completa el párrafo usando las palabras apropiadas.

La __3__ de Frida hizo construir para ella un __4__ pequeño que pudiera colocar sobre la __5__. También puso un __6__ sobre su cama y Frida empezó a pintar retratos de su cara, una y otra vez. Aquellas pinturas la mantenían __2__. Durante dos años, Frida luchó por su vida. Cuando se recuperó, le enseñó sus dibujos a un famoso __1__ llamado Clemente Orozco, y él a su vez se los mostró a __7__. Cuando él vio las creaciones de Frida le dijo: "Tus dibujos son tan __8__ como tú".

1. muralista	3. mamá	5. cama	7. Diego Rivera
2. entretenida	4. caballete	6. espejo	8. hermosos

D. Recuerda datos importantes en la vida de Frida Kahlo. Une con líneas.

1. Nombre del sitio donde vivía Frida Kahlo — poliomielitis
2. Nombre que adoptaron los estudiantes de Frida — Casa Azul
3. El primer museo que le compró un cuadro a Frida — Fridos
4. Enfermedad que contrajo Frida a los seis años — Louvre

© Santillana USA   105

ASSESSMENT 9

Caminos • Lección 3: César Chávez   HOJA DE EVALUACIÓN **9**

Nombre _____ Fecha _____

A. Elige la respuesta que complete la oración.

1. César Chávez fue un gran _____.

    (líder social)   comerciante   médico

2. Nació en _____.

    (Arizona)   Cuba   México

B. Encierra en un círculo la respuesta.

1. La gente marchaba con los campesinos para pedir justicia. (Verdadero) Falso
2. César Chávez tuvo que trabajar desde muy joven. (Verdadero) Falso
3. En 1968, César Chávez hizo una huelga de hambre. (Verdadero) Falso
4. Los pesticidas no hacen daño a las personas. Verdadero (Falso)
5. Los campesinos siempre tienen seguro médico. Verdadero (Falso)
6. Mucha gente dejó de comprar uvas para apoyar a los campesinos. (Verdadero) Falso

C. Completa el párrafo usando las palabras apropiadas.

La lucha no ha terminado. Los campesinos __3__ y cosechan los alimentos que __2__ comemos. Sin embargo, se les paga muy __4__ por un trabajo que no mucha gente quiere hacer porque es muy __5__. Durante las cosechas, muchos campesinos tienen que vivir en sus carros sin comodidades básicas como __6__, sombra y __7__. A veces, también los __8__ tienen que trabajar, y dejan de ir a la __1__. Todos tenemos que abrir nuestros __9__ y seguir luchando hasta alcanzar la __10__.

1. escuela	2. todos	3. siembran	4. poco	5. duro
6. agua	7. descanso	8. niños	9. corazones	10. justicia

D. Recuerda datos importantes en la vida de César Chávez. Une con líneas.

1. Martin Luther King Jr. y Mahatma Gandhi — Águila Azteca
2. Símbolo de esperanza, poder y ascenso — Unión de Trabajadores Campesinos
3. Honor que se le otorgó a César Chávez — Medalla Presidencial de la Libertad
4. Organización que fundó César Chávez — líderes pacifistas

106   © Santillana USA

ACTIVITY 15

En alas del cóndor • Lesson 1   ACTIVITY SHEET **15**

Name _____ Date _____

Many Cognates!

actor	**actor**	color	**color**	error	**error**
animal	**animal**	hospital	**hospital**	capital	**capital**
final	**final**	usual	**usual**	natural	**natural**
sensitive	**sensitivo**	positive	**positivo**	negative	**negativo**
artist	**artista**	dentist	**dentista**	tourist	**turista**
electricity	**electricidad**	city	**ciudad**	variety	**variedad**
famous	**famoso**	generous	**generoso**	delicious	**delicioso**
fantastic	**fantástico**	romantic	**romántico**	automatic	**automático**

Additional cognates may vary.

© Santillana USA   107

ASSESSMENT 10

En alas del cóndor • Lección 1   HOJA DE EVALUACIÓN **10**

Nombre _____ Fecha _____

A. Encierra en un círculo la respuesta.

Los primeros habitantes de Hispanoamérica...

1. Aprendieron de la naturaleza (Verdadero) Falso
2. No admiraban lo que los rodeaba Verdadero (Falso)
3. Ayudaron a la naturaleza a serles más útil (Verdadero) Falso
4. Crearon fuentes de vida para toda la humanidad (Verdadero) Falso
5. Le han dado al mundo algunos de los alimentos más importantes (Verdadero) Falso
6. Ya no siguen enriqueciendo nuestro mundo Verdadero (Falso)

B. Encierra en un círculo los productos alimenticios que provienen de Hispanoamérica.

(aguacate) pan (chocolate) (chicle) (papas)
leche (tomates) arroz (maíz) pizza
(frijoles) (chile) (casabe) naranjas lechuga

C. Completa el párrafo con las palabras que corresponden.

Los **descendientes** de los primeros **habitantes** de Hispanoamérica **siguen** enriqueciendo y embelleciendo la **vida** con su música y bailes, con sus festividades, con sus artesanías, con su trabajo, con su **inteligencia** y su esfuerzo, con su presencia, con su **existencia**.

siguen	descendientes	inteligencia	vida	existencia	habitantes

© Santillana USA   109

ACTIVITY 17

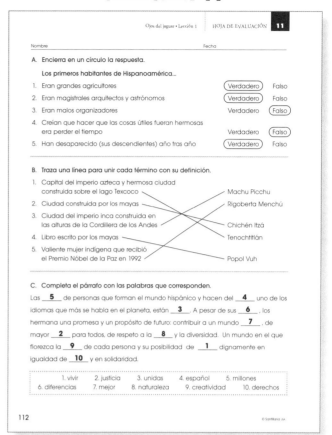

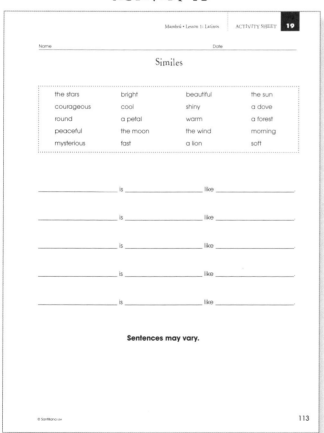

ACTIVITY 17

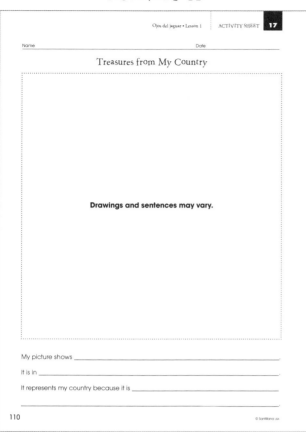

Ojos del jaguar • Lesson 1   ACTIVITY SHEET **17**

Name _____   Date _____

Treasures from My Country

Drawings and sentences may vary.

My picture shows _____.

It is in _____.

It represents my country because it is _____

_____

110   © Santillana USA

ASSESSMENT 11

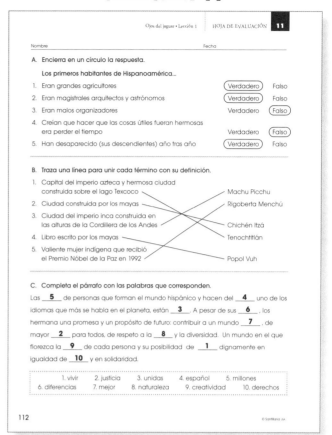

Ojos del jaguar • Lección 1   HOJA DE EVALUACIÓN **11**

Nombre _____   Fecha _____

A. Encierra en un círculo la respuesta.

Los primeros habitantes de Hispanoamérica...

1. Eran grandes agricultores   (Verdadero) Falso
2. Eran magistrales arquitectos y astrónomos   (Verdadero) Falso
3. Eran malos organizadores   Verdadero (Falso)
4. Creían que hacer que las cosas útiles fueran hermosas
   era perder el tiempo   Verdadero (Falso)
5. Han desaparecido (sus descendientes) año tras año   (Verdadero) Falso

B. Traza una línea para unir cada término con su definición.

1. Capital del imperio azteca y hermosa ciudad
   construida sobre el lago Texcoco   Machu Picchu
2. Ciudad construida por los mayas   Rigoberta Menchú
3. Ciudad del imperio inca construida en
   las alturas de la Cordillera de los Andes   Chichén Itzá
4. Libro escrito por los mayas   Tenochtitlán
5. Valiente mujer indígena que recibió
   el Premio Nóbel de la Paz en 1992   Popol Vuh

C. Completa el párrafo con las palabras que corresponden.

Las __5__ de personas que forman el mundo hispánico y hacen del __4__ uno de los
idiomas que más se habla en el planeta, están __3__. A pesar de sus __6__, los
hermana una promesa y un propósito de futuro: contribuir a un mundo __7__, de
mayor __2__ para todos, de respeto a la __8__ y la diversidad. Un mundo en el que
florezca la __9__ de cada persona y su posibilidad de __1__ dignamente en
igualdad de __10__ y en solidaridad.

| 1. vivir | 2. justicia | 3. unidas | 4. español | 5. millones |
| 6. diferencias | 7. mejor | 8. naturaleza | 9. creatividad | 10. derechos |

112   © Santillana USA

ACTIVITY 19

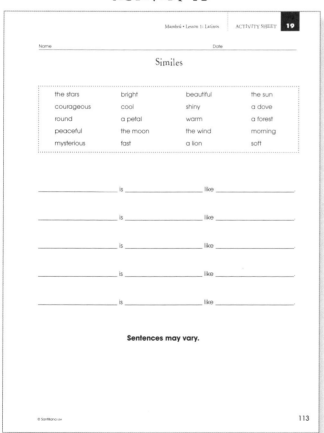

Mambrú • Lesson 1: Latinos   ACTIVITY SHEET **19**

Name _____   Date _____

Similes

the stars	bright	beautiful	the sun
courageous	cool	shiny	a dove
round	a petal	warm	a forest
peaceful	the moon	the wind	morning
mysterious	fast	a lion	soft

_____ is _____ like _____.

_____ is _____ like _____.

_____ is _____ like _____.

_____ is _____ like _____.

_____ is _____ like _____.

Sentences may vary.

© Santillana USA   113

ACTIVITY 20

Mambrú • Lesson 2: Patrias   ACTIVITY SHEET **20**

Name _____   Date _____

My Heritage

Poems may vary.

I was born in _____,

My parents were born in _____.

And my _____ was born there too.

My land is the color of the _____,

And _____ like the _____.

We love to play the _____,

And dance _____.

We have good food, like _____,

And amazing places, like _____.

My land is beautiful to me,

because _____.

My land is beautiful for all of these reasons,

I hope one day you will see it too!

114   © Santillana USA

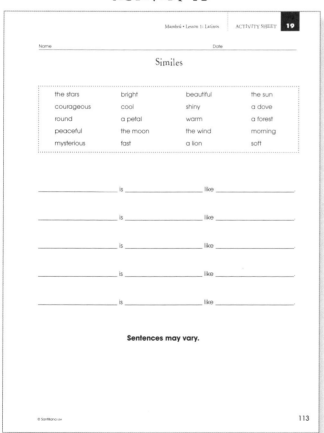

Gold Set / Answer Key   191

Mambrú • Latinos y Patrias   HOJA DE EVALUACIÓN **12**

Nombre _____   Fecha _____

A. Encierra en un círculo la respuesta.

1. En los Estados Unidos viven latinos de todas las razas.   (Verdadero)   Falso
2. Las personas bilingües saben hablar sólo un idioma.   Verdadero   (Falso)
3. Debemos estar orgullosos de nuestra herencia cultural.   (Verdadero)   Falso
4. No es importante saber sobre nuestras tradiciones.   Verdadero   (Falso)
5. Cada país y cultura tiene algo que ofrecer a los demás.   (Verdadero)   Falso

B. Completa cada frase para crear una imagen con palabras.   **Answers may vary, but should make sense.**

1. Tu risa es como _____ de _____
2. Tu voz es un _____ de _____
3. Tus pasos son _____ de _____

C. Llena el espacio con una acción que le otorgue una cualidad humana a cada cosa.   **Answers may vary, but should make sense.**

1. El cocotero _____,   4. Las estrellas _____,
2. El sol _____,   5. Un ave _____,
3. Las nubes _____,   6. Una rosa _____,

D. Encierra en un círculo las palabras que riman dentro de cada grupo.

(corazón)	(oreja)	(caminar)	sombra	(día)	(cantor)
(limón)	media	(altamar)	(ombú)	hormiga	abrazo
redondo	(ceja)	canasta	(ñandú)	(energía)	(amor)

116   © Santillana USA

Chuchurumbé • Lesson 1: Latinos   ACTIVITY SHEET **22**

Name _____   Date _____

Acrostic Poem

Poems may vary.

117   © Santillana USA

Chuchurumbé • Lesson 2: Patrias   ACTIVITY SHEET **23**

Name _____   Date _____

Haiku Poems

little	moon
large	sun
beautiful	flower
blue	sky
white	star
yellow	bees
bright	horse
dark	birds

Poems may vary.

high	in	the sky
up	over	the trees
flying	above	the clouds
shining	among	the flowers
running	below	the fields
smiling	behind	the water
mysterious	on	the mountains
growing		the grass

summer	is coming
winter	is over
night	is here
morning	begins
spring	ends
a dream	
silence	
fall	

118   © Santillana USA

Chuchurumbé • Lesson 3: Folclore hispánico   ACTIVITY SHEET **24**

Name _____   Date _____

Word Association

Colors	Clothes	Parts of a House
	Words may vary.	

Animals	Sports	Parts of the Body

119   © Santillana USA

ASSESSMENT 13

Nombre _____   Fecha _____

A. Encierra en un círculo la respuesta.

1. Ser bilingüe ofrece muchos beneficios.   (Verdadero) Falso

2. Debo estar orgulloso de mis padres, mi herencia y mi cultura.   (Verdadero) Falso

3. Hay personas que solamente saben un idioma.   (Verdadero) Falso

4. No es importante llevarse bien con personas de todas las razas.   Verdadero (Falso)

5. No es importante aprender sobre la cultura de otros.   Verdadero (Falso)

B. Completa cada frase para crear una imagen con palabras.   **Answers may vary, but should make sense.**

1. Tu corazón es como _____ de _____.

2. El viento es un _____ de _____.

3. Las estrellas son _____ de _____.

C. Llena el espacio con una acción que le otorgue una cualidad humana a cada cosa.   **Answers may vary, but should make sense.**

1. Una palabra _____.   4. El tambor _____.

2. El refrigerador _____.   5. El cielo _____.

3. Mi espejo _____.   6. Las palmas _____.

D. Encierra en un círculo las palabras que riman dentro de cada grupo.

(colorada)	(tesoro)	(fría)	(amigo)	(enero)	beso
(sentada)	manto	rebanada	(abrigo)	franca	(amor)
levanta	(oro)	(sandía)	blanca	(sincero)	(flor)

© Santillana USA   121

ACTIVITY 26

Name _____   Date _____

What's in My Box?
Students' picks and descriptions may vary.

a bicycle   a truck

a doll   a book

There is a _____ in your box.

122

ACTIVITY 27

Name _____   Date _____

Express Yourself!

I don't know.

I don't care.

I'm scared.

I'm very sad.

© Santillana USA   123

ACTIVITY 28

Name _____   Date _____

Audience Directions

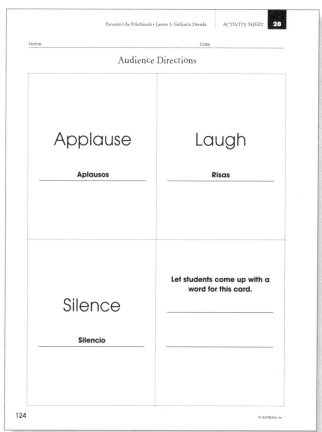

Applause
Aplausos

Laugh
Risas

Silence
Silencio

Let students come up with a word for this card.

124   © Santillana USA

Gold Set / Answer Key   193

ASSESSMENT **14**

Nombre _____ Fecha _____

A. Completa este resumen de la obra usando las palabras apropiadas.

Antes de la Navidad, los niños tratan de **7** para quién son los **8** que hay debajo del **1** de Navidad. Encuentran regalos para todos sus primos, pero no encuentran regalos para **2**. Muy ofendidos, les **3** las tarjetas. El día de la Navidad, los niños pasan una gran **4** al abrir regalos que no les **5**. Al final, los niños **6** regalos con sus primos.

> 1. arbolito   2. ellos   3. cambian   4. vergüenza
> 5. pertenecen   6. intercambian   7. averiguar   8. regalos

B. Marca la respuesta correcta.

1. Uno de los temas de la obra es **a**.
   a. la generosidad
   b. la pobreza
   c. el deporte
2. Uno de los mensajes de la autora es que **a**.
   a. es más importante dar que recibir
   b. aseguren sus regalos
   c. los regalos son importantes
3. Uno de los propósitos de la autora es **b**.
   a. motivarnos a hacer regalos
   b. hacernos ver que a veces sacamos conclusiones equivocadas
   c. enseñarnos a decir la verdad

C. Encierra en un círculo la respuesta.

1. Los padres se olvidaron de regalarles algo a sus hijos.   Verdadero   (Falso)
2. Se puede inferir que los niños estaban celosos.   (Verdadero)   Falso
3. Los primos mayores se enfadaron mucho.   Verdadero   (Falso)
4. Los padres habían comprado regalos para sus hijos.   (Verdadero)   Falso

126   © Santillana USA

ASSESSMENT **15**

Nombre _____ Fecha _____

A. Llena el espacio en blanco con la palabra apropiada.

1. El **telón** son las cortinas de un teatro.
2. La **obra** es el cuento que se representa.
3. Los **actores** son las personas que actúan.
4. El **escenario** es donde se dramatiza la obra.
5. El **público** son las personas que vienen a ver la obra.

> público   actores   obra   telón   escenario

B. Marca la respuesta correcta.

1. Uno de los temas de la obra es **a**.
   a. el éxito
   b. la injusticia
   c. la generosidad
2. Uno de los mensajes de la autora es **a**.
   a. cree en ti mismo
   b. aprende a montar bicicleta
   c. gana como puedas
3. Uno de los propósitos de la autora es **b**.
   a. que no tengamos miedo de montar bicicleta
   b. que reconozcamos nuestros esfuerzos y logros
   c. que digamos la verdad

C. Encierra en un círculo la respuesta.

1. Cheta ganó la carrera.   (Verdadero)   Falso
2. El hermano de Cheta ganó la carrera.   Verdadero   (Falso)
3. Sólo los niños pueden ganar carreras en bicicleta.   Verdadero   (Falso)
4. Las niñas pueden ganar carreras.   (Verdadero)   Falso
5. Cheta se quedó dormida por el camino.   (Verdadero)   Falso

127   © Santillana USA

ASSESSMENT **16**

Nombre _____ Fecha _____

A. Recuerda y completa.

No lo **siembres** tú sola.	No **recojas** el grano	No te las **comas** todas
Llama a los **otros**.	sola, **solita**;	sola, solita;
Así dirán contentos:	**hacerlo** en compañía	**comer** en compañía
¡Fuimos **nosotros**!	es cosa bonita.	es cosa **bonita**.

> nosotros siembres otros   recojas hacerlo solita   comas comer bonita

B. ¿Quién dijo esto? Encierra en un círculo la respuesta correcta.

1. ¿Quiere usted unas tortillas de maíz riquísimas?   (Gallinita)   Pato y Pavo   Gato Garabato
2. Llámeme en cuanto las tenga listas.   Gallinita   Pato y Pavo   (Gato Garabato)
3. ¡Yo no! ¡Ni yo!   Gallinita   (Pato y Pavo)   Gato Garabato
4. ¿Me ayudan ustedes?   (Gallinita)   Pato y Pavo   Gato Garabato
5. ¡Sí, sí! Nosotros también queremos.   Gallinita   (Pato y Pavo)   Gato Garabato
6. Ya les avisaré... ya les avisaré.   (Gallinita)   Pato y Pavo   Gato Garabato

C. Encierra en un círculo la respuesta.

1. Los animales querían ayudar a la gallinita.   Verdadero   (Falso)
2. Los animales querían comer tortillas.   (Verdadero)   Falso
3. Es bonito trabajar en compañía.   (Verdadero)   Falso
4. A veces hay que hacer las cosas por uno mismo.   (Verdadero)   Falso

128   © Santillana USA

ACTIVITY **30**

Name _____ Date _____

Symbols

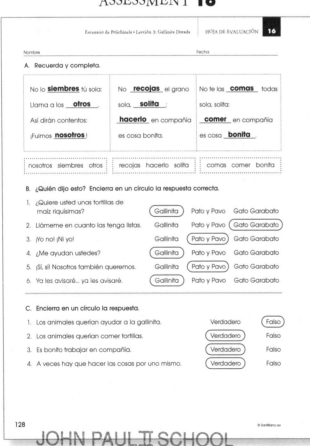
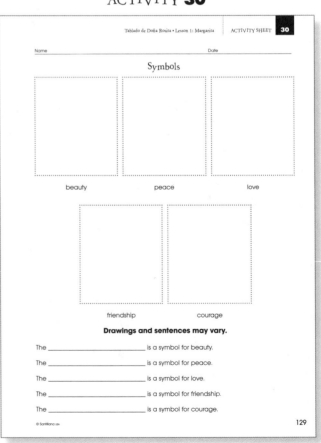

beauty   peace   love

friendship   courage

Drawings and sentences may vary.

The _____ is a symbol for beauty.

The _____ is a symbol for peace.

The _____ is a symbol for love.

The _____ is a symbol for friendship.

The _____ is a symbol for courage.

129   © Santillana USA

JOHN PAUL II SCHOOL
119 CASTLERIDGE DR., N.E. **Gold Set / Answer Key**
CALGARY, ALBERTA T3J 1P6

ACTIVITY 31

Name _____   Date _____

Colors in Nature

grapes	red	sky	green	purple	grass	orange
flowers	blue	sun	oranges	yellow		

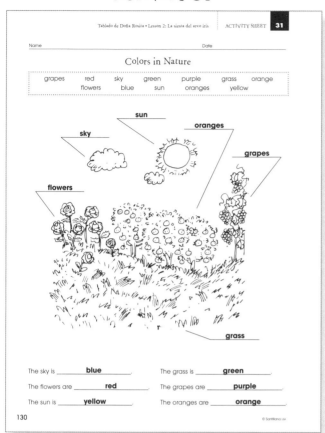

The sky is **blue** .   The grass is **green** .

The flowers are **red** .   The grapes are **purple** .

The sun is **yellow** .   The oranges are **orange** .

130   © Santillana USA

ACTIVITY 32

Name _____   Date _____

Stage Bingo

upstage right	upstage center	upstage left
right	center	left
downstage right	downstage center	downstage left

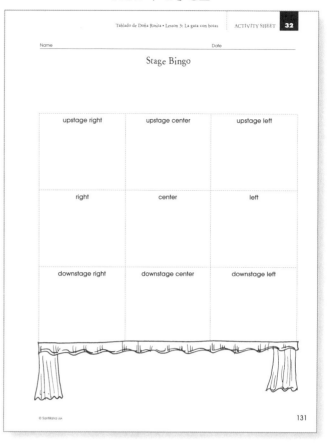

© Santillana USA   131

ASSESSMENT 17

Nombre _____   Fecha _____

A. Marca la respuesta correcta.

1. El autor de la famosa poesía "A Margarita Debayle" es:
   - (a. Rubén Darío)   b. José Martí   c. Gabriela Mistral
2. ¿Qué quería hacer la princesita?
   - (a. buscar una estrella)   b. ir a un baile   c. cortar flores
3. ¿Qué quería hacer la princesita con lo que buscaba?
   - a. un poema   (b. un prendedor)   c. una obra de arte

B. ¿Quién dijo esto? Une con una línea.

1. Yo me fui no sé por qué.   Rey Sol
2. Vuelve al cielo, y lo robado vas ahora a devolver.   Princesita
3. Son mis flores de las niñas que al soñar piensan en mí. Rey Padre

C. ¿Cómo se sentía el Rey al principio, en la mitad y al final del relato?

Principio	Mitad	Final
a. enojado y triste	a. triste y enfermo	(a. orgulloso y feliz)
(b. amoroso y feliz)	(b. enojado y avergonzado)	b. enojado y triste
c. solitario y triste	c. confundido y pobre	c. celoso y soberbio

D. Recuerda y completa.

La **princesita** está bella, pues ya   Ya que **lejos** de **mí**

tiene el **prendedor** en que lucen,   vas a estar, **guarda** , niña, un

con la **estrella** , verso,   **gentil** pensamiento al que un

perla , pluma y **flor**   día te quiso contar un **cuento**

| perla | princesita | flor | prendedor | estrella | | cuento | gentil | lejos | guarda | mi |

© Santillana USA   133

ASSESSMENT 18

Nombre _____   Fecha _____

A. Recuerda y contesta:

1. ¿Cuál era el problema en la obra?
   - a. va a llover   (b. Los colores han dejado de ser amigos)   c. no ha salido el sol
2. ¿Qué unió a todos los colores?
   - (a. la lluvia)   b. una flor   c. las nubes
3. ¿Qué estaba haciendo el arco iris al principio de la obra?
   - (a. tomando una siesta)   b. hablando con Alicia y el conejo   c. comiendo
4. ¿Por qué el arco iris les enseñó un espejo a los colores?
   - (a. para que se vieran unidos)   b. para que se peinaran   c. para asustarlos

B. ¿Quién dijo esto?

1. ¿Qué ven en este espejo?   Azulina   Blanquita   (Arco iris)   Rosita
2. Mi resplandor, a las nubes, nadie se lo quita.   Azulina   (Blanquita)   Arco iris   Rosita
3. Soy el color del cielo.   (Azulina)   Blanquita   Arco iris   Rosita
4. Mi nombre y mi color son los de una flor.   Azulina   Blanquita   Arco iris   (Rosita)
5. He estado durmiendo una siesta.   Azulina   Blanquita   (Arco iris)   Rosita

C. Identifica:

1. Uno de los tema de la obra
   - (a. la amistad)   b. la injusticia   c. la vida de los colores
2. El mensaje de la autora
   - (a. Cada persona tiene su propia identidad y valor.)
   - b. Los arco iris son bonitos.
   - c. Los colores el arco iris son raros.
3. El propósito de la autora
   - (a. promover la unión entre las personas)
   - b. enseñar los colores
   - c. demostrar que el sol es importante

134   © Santillana USA

ASSESSMENT 19

Nombre _____ Fecha _____

A. Completa el párrafo usando las palabras apropiadas.

La obra titulada __**5**__ es una adaptación libre escrita por __**1**__ del cuento

tradicional de Charles Perrault que se titula __**3**__. El escenario del cuento es

__**2**__. Un personaje importante en el cuento es Juan, a quien su padre le deja

como __**4**__ una gata, que luego le trae __**6**__.

1. Alma Flor Ada	3. El gato con botas	5. La gata con botas
2. la tierra de los cuentos	4. herencia	6. fortuna

B. ¿Quién dijo esto? Encierra en un círculo la respuesta correcta.

1. Sólo te puedo dar esta
   moneda de oro.   Gata   Rey   Ogro   Juan   (Molinero)

2. Cómprame un sombrero,
   botas y guantes.   (Gata)   Rey   Ogro   Juan   Molinero

3. Déjame también la gata.   Gata   Rey   Ogro   (Juan)   Molinero

4. ¡Grrrr!   Gata   Rey   (Ogro)   Juan   Molinero

5. Buen castillo tienes, Marqués.   Gata   (Rey)   Ogro   Juan   Molinero

C. Recuerda y completa.

En la tierra de los __**cuentos**__	El __**dueño**__ de aquel molino
había un viejo molino;	era un viejo __**molinero**__.
con ayuda de los __**vientos**__	Se puso malo en diciembre
hacía __**harina**__ de trigo.	y se murió para __**enero**__...

vientos cuentos harina	enero molinero dueño

135